セーラーのための
「風」がよめるようになる本

WIND STRATEGY
ウインド・ストラテジー

文＝デイビッド・ホートン、フィオナ・キャンベル
text by David Houghton, Fiona Campbell

翻訳・監修＝斉藤愛子、岡本治朗
translation by Aiko Saito, Jiro Okamoto

First published 2005 by Fernhurst books, Duke's, High Street, Arundel, West Sussex, BN18 9AJ, England, with the title WIND STRATEGY THIRD EDITION. © David Houghton and Fiona Campbell 2005

目次
Contents

訳者前書き	04
第1章：風に賢いセーラー	04
第2章：セーラーにとっての風	06
第3章：実際に吹く風——海岸線、島、湖	10
第4章：実際に吹く風——風のバンド、水温や潮との関係	16
第5章：実際に吹く風——ガストとラル	19
第6章：実際に吹く風——南半球では	21
第7章：海風——傾度風がなく、シンプルな場合	22
第8章：海風——傾度風の影響	28
第9章：午後の風——海からの傾度風	33
第10章：湖、山、谷、半島	37
第11章：日没になると	41
第12章：午後と夕方の風——南半球では	43
第13章：重力波と突風	46
第14章：雲のメッセージ	48
第15章：微風	54
第16章：風と障害物	55
第17章：水の流れ	57
第18章：波	61
第19章：危険な波	64
第20章：ウェザールーティング	66
第21章：どのセールを使う？	69
第22章：実際のレースで	72
第23章：頻繁にレースが開催される場所の分析（海外）	77
特別編：相模湾と大阪湾の風の分析	82
付　録：海上へ持ち出したい便利な図	86

訳者前書き

　ソウル五輪を目指して練習を始めた頃のことでしょうか。クルーとしてレース戦術に磨きをかけていく上で風のことを勉強しようと思い始めました。帆走技術も大切ですが、セーリングの原動力は風であり、次に吹く風が見えるようにならないと、オリンピックのレベルにはならないのではないかと思っていたからです。そんなとき、海外遠征をしている最中にイギリスで見かけたのが「ウインド・ストラテジー」という書籍の初版（1984年）でした。

　著者のデイビッド・ホートンと出会ったのは、アトランタ五輪の会場でした。イギリスチームをバックアップしているスタッフの1人でしたが、アトランタからイギリスチームの快進撃が始まったこともあって、セーリングレースと風の読みをつないでいったイギリスの手法に興味を持ちました。ちょうど、デイビッドから第2版が出たという話を聞いたので、日本でも読めるようにと翻訳をして雑誌に連載したのが10年前になります。

　現在の日本では気象予報士制度ができましたので、気象のことを勉強するのであれば、さまざまな本があります。私も予報士試験を受けようと思い勉強していますが、そこで得た知識がヨットレースの現場へつながるかというと、情報量が膨大になりすぎて、本当に自分たちが見なければいけない目の前の風が分からなくなります。関係ある必要なことだけを、レースに生かせる必要な情報になるようにフィルターをかけなければ、戦術を考える上で、かえって迷う原因となります。今回は、J/24やキールボートのレース現場で気象情報とレースとのかかわりを見ている気象アドバイザーの岡本治朗さんに手伝っていただきながら、読んで分かる邦訳を目指しています。

　本書では、2004年末にイギリスで発行された「WIND STRATEGY, THIRD EDITION」の邦訳だけでなく、日本で一般に使われている気象用語などを用いて解説していきます。単なる気象解説ではなく、レースで作戦を立てる上で必要な手法、現場での分析方法なども紹介していきますので、ローカルレースで運営をする方からオリンピックを目指すトップアスリートまで、幅広く読んでいただき、風を勉強してもらえると思います。

（斉藤愛子）

第 1 章　風に賢いセーラー

　地元のヘルムスマンは、地域特有の風を長年の経験から情報として頭の中に蓄積しており、ほかの場所からくるセーラーよりも風の読みが働くといわれています。この勘に頼るスタイルのセーラーが大勢いますが、彼らの読みの根拠は風のシフトがあったときに、「前はこうだった」とか「何年前の同じ月に同じ風が吹いていた」という過去の経験が基になります。

　では、風に賢いセーラーの読みの根拠はどこからくるかというと、風が地形の影響で曲げられたり、すじになって吹いてくる原因を考え、レースエリアごとの風の特徴をレース展開と合わせて頭の中で組み立てていきます。風のパターンというのは無限にあるので、すべてを網羅できるはずもなく、勘に頼るセーラーたちが「こんなのは今までに一度も見たことがない」と話す機会がよく見受けられます。風に賢いセーラーは、体験したことのない現象が起こったときには、まずその理由を考

えます。そして、原因をふまえて次のレース展開を考えますから、突然の変化にもそれなりに対応していくことができます。もちろん、すべてに対応できるわけではありませんが、理由を考えることによって、自分が理解できるパターンは増えていきますから、風を読むための知識は、より豊富になります。

セーリング競技のレースエリアはいろいろな場所があり、そこで吹く風のパターンも複雑ですが、どんな場所でも、風が発生し、その強さが変化していくメカニズムは基本的に同じです。風のシフトやベンド（曲げられること）には科学的根拠があり、基になる気象学のベーシックな部分を理解すると、漠然と見ていた風が、意味をもって吹いてくるように見えます。ディンギーではパソコンを海上へ持ち出すことができませんし、たとえ持ち出せたとしても、2キロ四方程度のレースエリアの風の予想をメソスケールの数値モデル（＊注1）でみたとしたら、それは巨大なハンマーでくるみを割るように、適切な手法とはいえません。ベストな方法で、唯一実行できるものは、レースエリアの風の動向をパターンに分け、第2章で説明するような単純な概念モデルとして理解することによって、レース中にどんな天気や風の変化が起こるのかを読むことでしょう。風のパターンを的確に判断できれば、その理由を知っておくことによって、理論的にレース展開の判断材料にできます。この経験を積み重ねていくことにより、風を読む力が養われていきます。

雲でも同じことがいえます。すじ状に流れたり、帯状にひろがったり、一つとして同じ形や動きをする雲はありません。著名な画家たちが何世紀にもわたり、雲を描いてひらめきを伝えてきたくらい、不思議でおもしろいものです。セーラーにとっては、雲と雲が作り出すパターンは、その周辺の大気の動きや安定度を察知するための目印になります。第14章では、雲からのメッセージをレースのタクティクスに応用していく手法を学びます。

気象庁などの予報機関では、レースエリアの風が詳細に分かるような観測を行ってはいません。お金がかかりすぎるからです。過去、ヨットレースにかかわる風の観測のほとんどはセーラー自身が行ってきており、レース時間中の風を後でまとめるなどして、貴重なデータとしてきました。こういった情報はログブックに書くときもあるでしょうし、口頭で話をするだけのこともあるでしょう。各地で風の記録をとり続けたら、時間が経つにつれて風データが膨大になり、収拾がつかなくなると心配するかもしれませんが、実際はまったく逆です。データから学ぶべきことは、基本になる風の概念を理解することで、概念は世界中どこへ行っても同じであり、風のふるまいはシンプルです。基本となる概念は、北半球でも南半球でも同じことなのですが、親指の法則などを地学的に説明すると北半球と南半球とでは逆向きになります。この著書では多くの現象を北半球の例で説明していますが、いくつかの章では南半球での違いを説明しています。

より大きなスケールでの天気のパターンについては、デイビッド・ホートンの著書「Weather at Sea」（Fernhurst Books／イギリス）で、天気図の見方から判断の道筋などを説明しています。天気を知るためにはまず天気図を見ることで、傾度風からどのような変化が1日の間に起こるかを判断します。そして、最初のステップは、レース中により細かい変化が起こる兆しを推測していくことです。

（＊注1）
メソスケールの数値予報モデル：大気の力学や熱力学などの物理法則に基づいて、風や気温などの変化を数値計算するもので、その計算に用いるプログラムのこと。山岳など地形の影響や太陽からの放射、地表面の摩擦、大気と地表面の熱、水蒸気の凝結や降水など、さまざまな効果が考慮されており、現在の予報業務の根拠となっています。メソスケールは、数百kmより小さい規模であり、局地的な変化を計算しています。

第2章　セーラーにとっての風

　ほとんどの物は動かすためにエネルギーが必要であり、一度動き始めると慣性の法則にしたがって一定の運動を続けようとします。風も例外ではありません。大気は太陽の熱エネルギーによって温度変化して、流れとなり、地球規模の循環が生まれます。赤道付近では最も熱エネルギーを受け取りやすく、極付近では熱エネルギーを受け取りにくくなっています。大規模な風のシステムは、赤道付近で暖められた空気が上昇し、代わりに、極付近の冷たい空気が流れ込む循環になります。大規模に冷たい風と暖かい風がぶつかる場所を前線と呼んでいますが、この中高緯度帯では、大規模な天気システムとして低気圧や高気圧が発生します。

　古くからの手法ですが、大規模な空気の流れを簡単に知るには、地表の気圧（空気の重さ）を天気図上に記入することがあります。気圧が等しい部分を線で結ぶと、等圧線が描け、この手法は電報が発明された頃から100年以上も続けられてきました。近年では気象衛星から送られてくる雲画像により、低気圧や高気圧の発達や衰退を、雲の発生場所、大きさや形から判断できるようにもなってきました。

気圧傾度風

　数百キロに及ぶ範囲で風の流れを考えるときは、地表の気圧配置と風の吹き方には密接な関係があるので、地上天気図のパターンから風を考えます。ある地域で気圧差（気圧傾度）が生じると、それによって風（傾度風）が吹きます。もし地球が自転していなかったら、風は高気圧から低気圧へとまっすぐに吹きます（単純に考えるとですが）。実際には地球が自転しているので、風は等圧線に平行に吹きます（赤道付近は例外）。平行といっても、北半球と南半球とではこの向きが逆になります。これは「ボイスバロットの法則」として覚えておきましょう。北半球では、風を背中で受けていると、低気圧は左側前方にあります（図2.3）

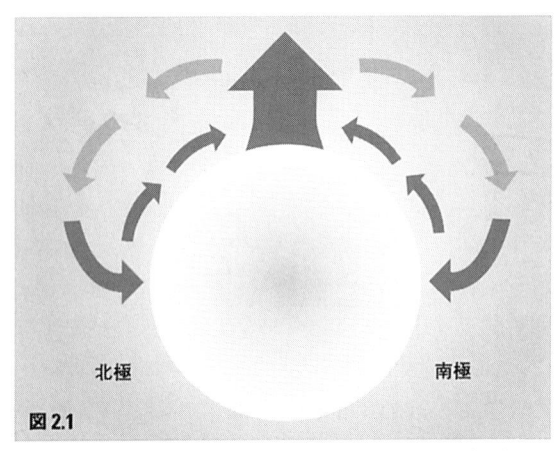

図2.1

赤道付近で暖められた空気が上昇して極へ向かい、極付近の冷たい空気が赤道へ向かう循環が生まれる。この単純な流れに地球の自転が加わると、図2.2のような風が吹く

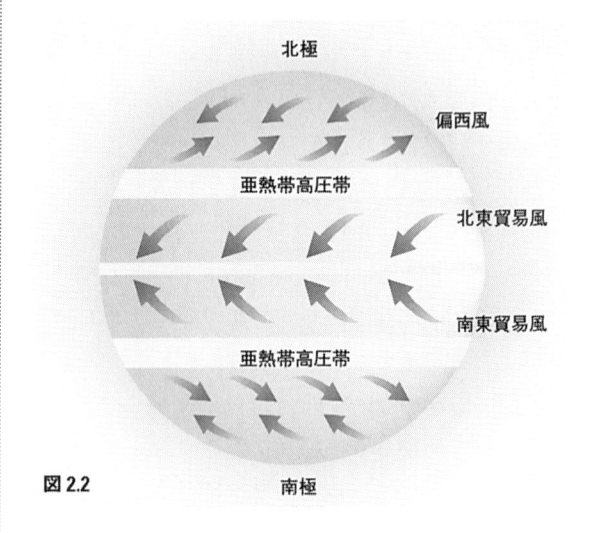

図2.2

局地風

　地球規模の大気の循環で、冷たい空気と暖かい空気とが混ざろうとするのは、スケールダウンして考えてみると、焚き火程度でも同じです。炎の上では熱い空気が煙とともに上昇し、炎の横からは周辺の冷たい空気が暖かい空気と入れ替わるように流れ込みます（図2.4）。この焚き火のように、空気の上昇と吸い込みは、地球規模で絶え間なく起こっている現象です。地上や海上を暖めたり、冷やしたりするのは雲量や地形、1日のうちの時間、陸地

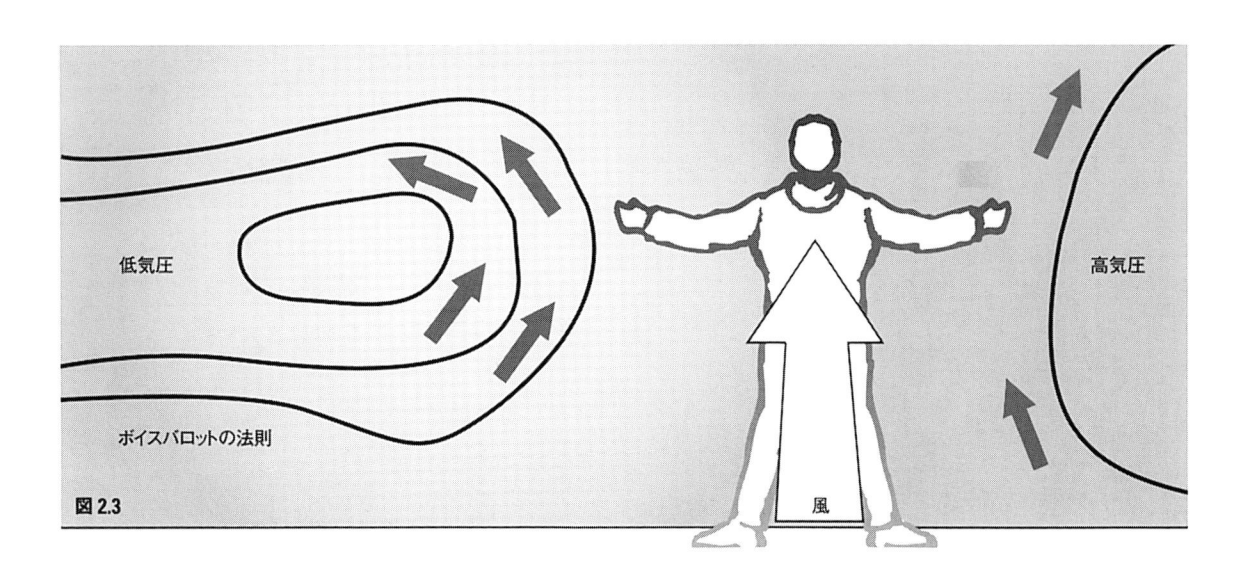

図2.3 ボイスバロットの法則

の様子や日射の角度などの影響であり、局地風を形成するもとになります。

　焚き火での温度変化と空気の流れを考えながら、地上と海上とが暖められたときの温度変化を想像してみましょう。また、深い谷の日が当たる斜面と当たらない斜面とではどうでしょうか。ほかにも、積雲から吹き出す空気の流れと吸い込まれていく流れがあり、ガスト（強い風の吹き出し）とラル（風が弱くなっている場所）が現れて、変化のある海面になるため、タッキングを繰り返すことも多いでしょう。

　レース中に風が変化し始めたことから次に何が起こるかを予測することもありますし、また現在吹いている風が徐々に変化していくのをふまえて、次の風を読むということもあります。こういったことを理解した上で、レース中に最良の判断ができるようになりたいものです。

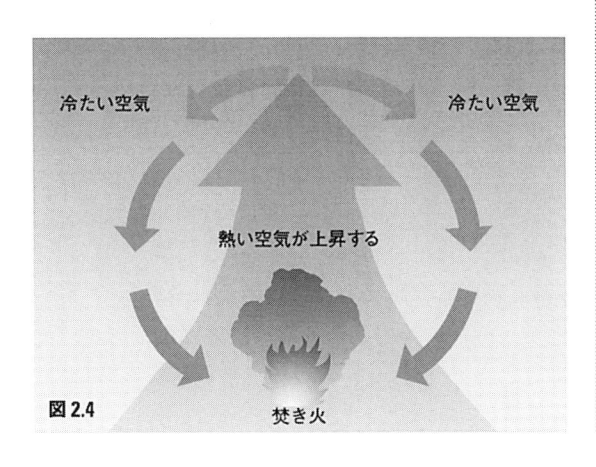

図2.4 熱い空気が上昇する　焚き火

地表の摩擦抵抗と大気の安定度

　気圧傾度が風が起きる理由になっていることは説明しましたが、傾度風とは、地表の影響である摩擦抵抗が少ない、だいたい上空500メートルくらいの場所で吹いている風のことをいいます。また、地表の空気が暖められて上昇し、そこに冷たい空気が流れ込むことも説明しました。これらの現象の発生には、地表の摩擦の影響を受けないくらい上空の空気が持つ安定度と浮力が関係してきます。少し分かりにくいので、ひとつひとつ分けてみていきましょう。

　摩擦抵抗：表面が荒れてギザギザであればあるほど、抵抗は大きくなります。空気にとってなめらかで平らな海面は抵抗が少なく、森林は大きな抵抗となります。抵抗は風速に大きな影響を及ぼします。傾度風の強さは地表の抵抗が大きければ大きいほど弱まります。また、風向にも影響し、北半球では左回り（バッキング）、南半球では右回り（ヴィアリング）に変化します。図2.5にあるとおり、バッキングは反時計回り、ヴィアリングは時計回りの方向に変化しています。なめらかな海面を流れる風は上空500メートルの風よりも15度くらいバッキングしているでしょう。また、森の上を流れる風は40度か、それ以上になっているかもしれません（図2.6）。都市部で高層ビルやさまざまな建造物が障害物となる場所では、抵抗を単純に考えるわけに

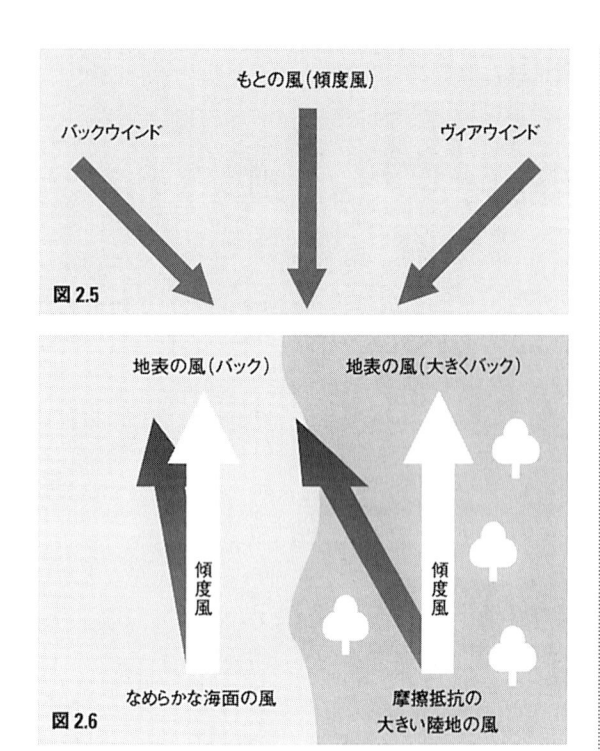

図2.5 もとの風(傾度風)／バックウインド／ヴィアウインド

図2.6 地表の風(バック)／地表の風(大きくバック)／傾度風／なめらかな海面の風／摩擦抵抗の大きい陸地の風

はいきません。これについては第16章でふれます。

大気の安定度：地表や海面の空気の安定度を決める要素は、地表の気温です。空気の流れが抵抗に勝るためには、下向きの運動量の変換が継続的に続かなければなりません。この現象は大気が安定しているときには起こりませんが、大気が不安定で空気が浮力を持った状態では活発に起こります。地表で暖められた空気は不安定になって上昇し、対流が発生して、上空にある冷たい空気が地表に降りてきます。地表が冷たいままだと空気も冷たいままなので、上昇せず、対流は発生しません。不安定な大気は、対流を起こして上から下へと空気を運びますから、摩擦抵抗もほとんどありません。逆に、安定した大気では地表付近と上空との動きがほとんどなく、単に空気に抵抗が生じるだけになり、地表付近の空気は流れなくなります(図2.7)。

視界は、対流による空気の混ざり具合を判断するのに、よい目安になります。大気が不安定な場所では視界が良く、大気の状態が安定した場所では汚れた空気が地表付近でよどみ、視界はかすみがかかって悪くなりがちです。

陸地における昼夜の風の変化

陸地では昼と夜とで気温の変化が大きく、温度に影響されて風の変化が起こります。後の章でふれますが、海風と陸風のことです。しかし、陸が暖められたり冷やされたりすることは毎日繰り返されることで、地表の温度変化が風に影響することは、海風と陸風に限ったことではありません。日の出から日中を通して、地表付近の空気は温度上昇により、どんどん不安定になります。そして対流が発生し、風が強くなります。太陽が傾きだすと地表の気温は下がり、大気は安定して風も弱くなります。夕暮れになると、雲がなければ地表の温度が下がり、大気は非常に安定した状態となり、風がなくなります。図2.8は典型的な24時間の風速変化を表しており、日の出とともに風が強まり、日没とともに弱まっていくのが分かります。内陸でセーリングする場合は関係ないなどと思わないでください。海と同

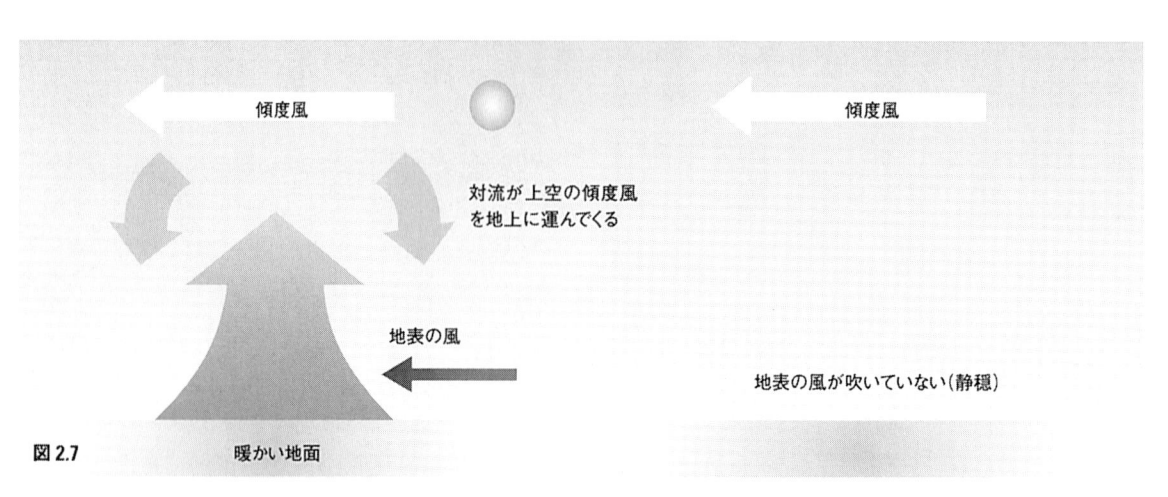

図2.7 傾度風／対流が上空の傾度風を地上に運んでくる／地表の風／地表の風が吹いていない(静穏)／暖かい地面

様に大切なことです。小さな湖で吹く風は、周辺の地表で起こっていることの影響を受けます。海岸付近における陸地の温度変化の影響は、傾度風が沖へ向かって吹いているときに分かりやすいのです。

風が強いとき（12〜15m/sくらいでしょうか）には、たいていの場合、昼夜を問わず、空気を混ぜるだけの乱流が発生します。夜間に気温が下がりにくくなり、1日の気温変化が小さくなるので、風は安定して吹きます。

反対に夜間に風がなく、冷たい空気が地表付近にたまるようになると、変化が起こりにくくなります。盆地や深い谷などのように、上空の風が山などでさえぎられるような場所では、雨雲がくるまで数日その状況が続くこともあります。

海上における昼夜の風の変化

海面での気温は、昼と夜とでさほど変化しません。多くて1〜2度でしょう。海水は常に混ぜられている状態になっていて、水温の変化は陸の温度ほど早くありません。水温の変化は、大きく考えると1日の気温の変化よりも小さく、海流や潮汐などによって混ざっていくようになります。

しかしながら、空が低い雲で覆われたときは、低い雲の上面で温度の上昇と下降があるので、風にも変化が起こります。長時間、低い雲に覆われた場所では海水温の変化がほとんどありません。太陽が水温を上昇させることもなければ、夜間に放射冷却されることもないからです。

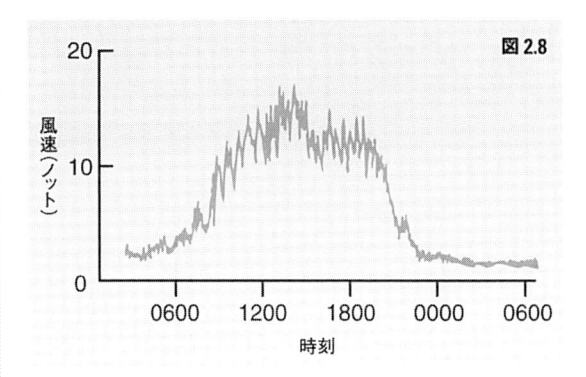

しかし、雲の上面では、昼間は太陽からの熱で温度が上昇し、夜になると冷えていきます。雲の上面が冷えれば冷えるほど雲の下側との気温差が大きくなり、大気は不安定になっていきます。大気が不安定になればなるほど風は強くなります。逆に、雲の上面が暖かく、地表付近との気温差が小さければ大気は安定しており、風は強くなりません（図2.9）。この場合は1日の風の変化が逆になり、午前中の早い時間帯に強く、日中は弱まるようになります。典型的な例はアメリカのサンディエゴの陸風で、海水温が低く、常に層積雲が発生しており、風は朝のうちは6m/sが吹いているのに、午後には3〜4m/sに弱まります。

図2.8

図2.9

日中＝雲の上が暖まる

気温差が小さくなる
浮力が小さくなる
対流が弱まる
地表の風が弱くなる

夜間＝雲の上が冷える

気温差が大きくなる
浮力が大きくなる
対流が強まる
地表の風が強くなる

海水温はあまり変化しない

第 3 章　実際に吹く風――海岸線、島、湖

　この章には「実際に吹く風」という題がついていますが、その地域で吹く風のすじ(バンド)や、風のベンド(曲がり)を説明していきます。こういった狭い地域に吹く風は予報どおりに吹かないことが多く、実際に天気予報は、限られた狭いエリアの予測までカバーしきれていません。それでは、実際に吹く風が何に左右されるかというと、地形に対する風の向き、地形そのもの、空気の安定度などで、ほとんどの場合、自分たちでローカルな情報を集めなければならないのです。

　では、最初に風が海岸線によって受ける影響を、陸から吹く場合、海岸線に沿って吹く場合、海から吹く場合に分けて考えてみることにしましょう。まず、海岸線(湖岸線でもかまいません)が直線で、付近に高い山や丘がないとしましょう。海岸から数kmの範囲に山や崖がなく、沖合20kmの範囲に島などもないとします。北半球を例にしますが、海岸線が東西南北のどちらを向いているかは特に関係ありません。南半球の例については、第6章で説明します。

陸から海へ向かって吹く風（オフショア）

　陸から海へ吹く風は、海岸線に対して必ず直角の向きで吹くと解説している本があります。水際で風に屈折があることを説明しているのでしょうが、一概にそういうわけでもありません。風は陸から海へ出たところで折れ曲がるのではなく、単に水面に出て摩擦抵抗が小さくなるだけなのです。

　すでに第2章で陸上を吹く地表の風は傾度風の風向よりも40度くらい左へ変化(バック)していて、水面はそれに対して15度くらいと説明しました。図3.1を見て分かるように、風向がどうであろうと、陸から海へ吹く風は右へ変化(ヴィア)するのです。この変化は海岸線から1～5kmの範囲でゆるやかに起こりますが、陸からどれくらいの範囲で起こるかは空気の安定度によります。水の上の摩擦抵抗のほうが小さいので、風速は上がることになります。ここでいう風向や風速は、ガスト(周辺よりも強い風)やラル(弱い風)を含んだ平均をとったものです。ガストやラルに変化がある場合については第5章で説明します。

　ここで大切なポイントは、風向に変化が大きく表れるのはラルのときだということでしょう。また、陸から海に向かって直角の風向のときよりも、角度が直角よりも小さいときのほうが風向、風速の変化も小さくなり、影響がある範囲も狭くなります。

　これをレースの作戦に取り入れるとすると、どう考えるべきでしょうか。海岸線から4～5kmのところに風上マークが設置されていたとすると、マーク付近ではポートタックが伸びることが予想されます(図3.2)。そして、マークが岸に近ければ近いほど、風のベンドが大きくなります。しかしなが

陸から海へ吹く風

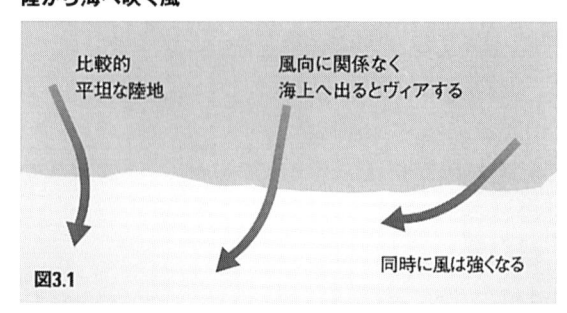

比較的平坦な陸地

風向に関係なく海上へ出るとヴィアする

同時に風は強くなる

図3.1

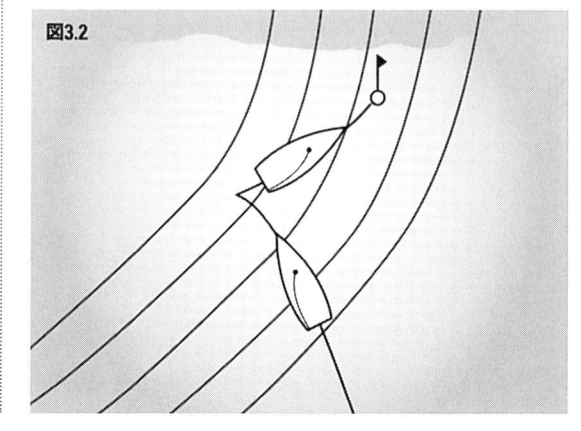

図3.2

ら、20〜30度のベンドは大雑把なものですし、4〜5kmというのも広範囲です。もっと分かりやすい目安として、空気の安定度と気温、水温の関係を見ていきましょう。

空気が冷たく、海も陸も相対的に暖かい場合（たいていの場合、海上、陸上の両方に積雲が発生しています）、空気は不安定なので、右方向に変化（ヴィア）する風は岸から1km程度の範囲で変化が止まります（図3.3）。

空気が冷たく、相対的に海は暖かいが、陸は冷たい場合（典型的な冬の日）は陸からの風が海へ出たところで不安定になり、弱い対流が起こるため、風は加速し、陸から3〜5km程度の範囲まで変化が広がります（図3.4）。

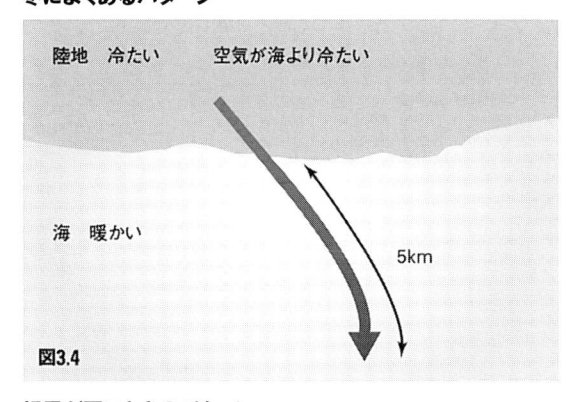

空気が安定していて、相対的に海や陸より暖かい場合、変化する範囲はさらに広くなり、少なくとも5〜6kmは続くようになります。

空気が非常に安定しているとき、海岸線から海へ出て、普通なら右へ変化するだろうと予想している風が、陸からすぐのところで急に左へ変化し、それからまたすぐに右へと変化することがあります（図3.5）。これは相対的に水温が低く、視界のよくない日に発生することが多いです。空気は陸を離れるときに、「コリオリの力」に関係なく気圧の低いほうへ流れようとするのです。この左への変化（バック）はデッキレベルよりも、マストヘッドの風向変化でより顕著に表れます。

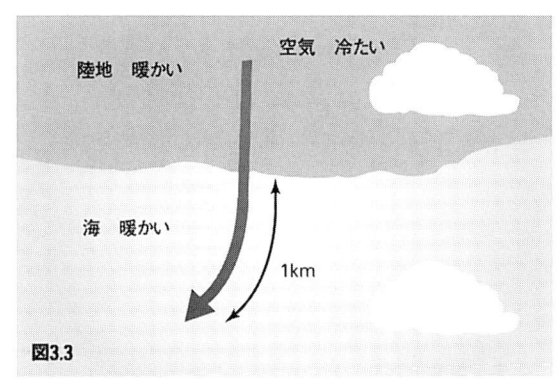

海岸線に沿って吹く風

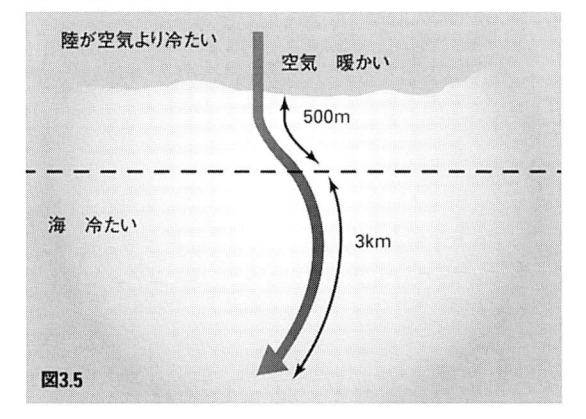

海岸線に対して風が平行か、平行に近い向きで吹いている場合、風に影響の出る範囲は海岸線から10km程度に及ぶこともありますが、これは風に向かって陸が右にあるか左にあるかで異なります。図3.6を見ると、陸が左にある場合、海上と陸上の風が岸近くで集まって（収束）、風が強まるバンドができます。風の強まりかたは、バンドの中心では25%に及びます（例えば、20ノットの風なら5ノット強まるということです）。このような風の収束がある場合、岸付近には雲が発生し、ときとして発達した雲から降水があります。

この強い風のバンドが陸からどのくらいの範囲で発生するか、正確には分かりません。海岸線が直線の場合はだいたい2〜5km沖と見当をつけています。でこぼこした海岸線では不規則なラインをスムースにしようと、強い風が陸に近い場所で収束することもあれば、沖で収束することもあります。また、岬や半島が出っ張っており、その間に入江があるようなときは、強い風のバンドは半島の先から次の半島の先へと続き、半島の先端で陸に近い部

海岸付近での収束

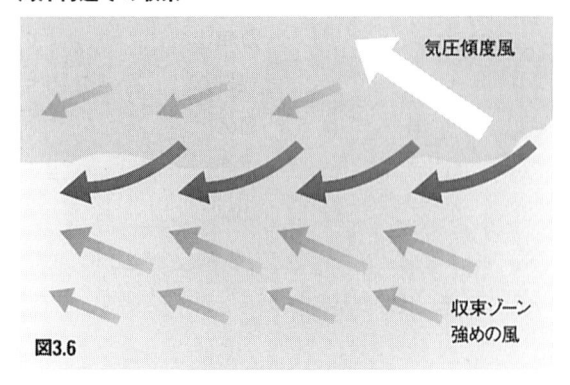

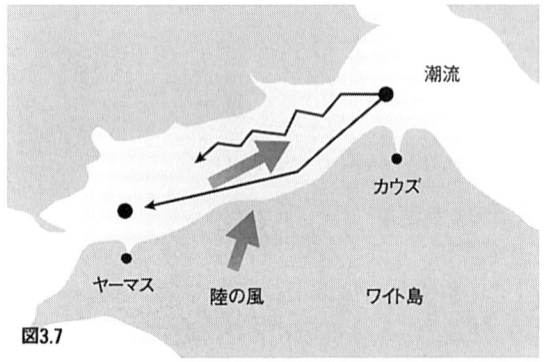

図3.6
- 気圧傾度風
- 収束ゾーン 強めの風

図3.7
- 潮流
- カウズ
- ヤーマス
- 陸の風
- ワイト島

海岸付近での発散

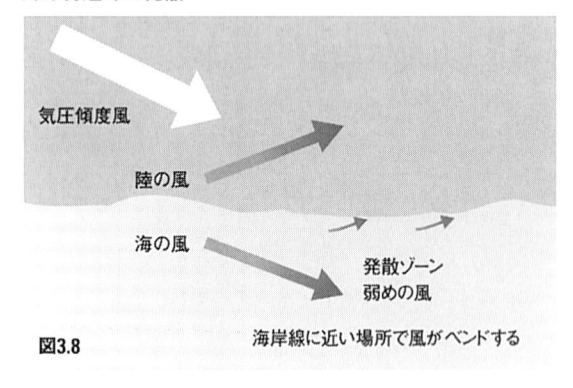

図3.8
- 気圧傾度風
- 陸の風
- 海の風
- 発散ゾーン 弱めの風
- 海岸線に近い場所で風がベンドする

分が強くなります。

陸に近い場所で吹いている強い風のバンドは、ときどき海風と間違えられることがあります。イギリス海峡で行われたレースでのことですが、数艇が夕暮れ迫った時間帯にブライトン(南側が海で東西にのびるイギリス南部の海岸の都市)沖で海風がなくなるのを恐れて沖出しのコースをとりました。しかし、実際には海風ではなかったので、海岸線から2～3kmの場所を走った艇が、沖よりも数ノット強い東風をずっとつかんだのでした。

このように海岸線に平行に吹いている風でレースをする場合、海岸に近い場所に帯状で強風のバンドがあること、そしてそれがレース中継続して吹いていることを覚えておくといいでしょう。ただし、例外もあるので、岸近くで左へ変化(バック)する弱い風が利用できることも忘れてはなりません。例えば、ソレント海峡の西側で南西の風が吹いたとき、図3.7に示されるようにヤーマスのブイへ向かってワイト島の岸沿いに1本コースを引いたほうが、潮の流れが有利な北側コースで右へ変化(ヴィア)する風をつかみながらタッキングを繰り返していくよりも結果的によいことになります。

次に反対の場合を考えてみましょう。風に向かって陸を右に見たときに陸上に吹く風と海上に吹く風は発散し(風が広がり、むらができるように弱まる)(図3.8)、風下では陸沿いに風が弱くなります。この発散により、空気は海岸付近で安定しますから、低い雲は薄くなるか、なくなって晴れるようになります。南側を向いた海岸で西風がよく吹く場所が晴れて、よい天気のビーチになるわけが分かりますし、北向きの海岸なら東風が吹けば同じ効果が出ます。風の弱まり具合は沖合と比較すると25%程度になりますが、弱まる地域が海岸に対してどのくらいの範囲になるかというと、はっきりした数値は、収束による強風バンドのように簡単に推測することができません。

初夏から初秋の午後は、沿岸での発散による風の弱まりが、沿岸付近での対流(第7章で説明します)の影響を受けます。1日のどの時間帯であっても、この弱い風のエリアはレース中なら特に避けるべきです。しかし、かなり岸に近い場所では、水面よりも陸のほうが摩擦抵抗が大きいので左へ変化(バック)する風が弱いながらも吹いている可能性があり(図3.8)、10度程度のシフトを利用することも考えられます。

イギリスの南岸のように海岸線が東西に延びている場合、高気圧が南側にあるときに海岸付近での風の発散が見られます。高気圧の中心に近ければ近いほど、傾度風は弱まり、発散されて弱まる風はさらに弱くなります。沿岸付近の風の発散により

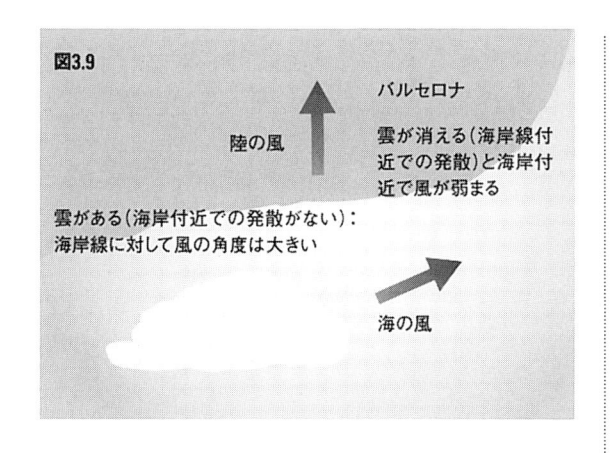

図3.9
陸の風
バルセロナ
雲が消える（海岸線付近での発散）と海岸付近で風が弱まる
雲がある（海岸付近での発散がない）：海岸線に対して風の角度は大きい
海の風

弱くなる風について理解できたと思いますが、高気圧の中心や気圧の尾根の軸に近い場所を走る場合は、最初に風が吹いてくる場所を探すことが大切です。原則として、そういったケースでは発散された風を探すことが近道なので、岸から10km程度沖で風の強い場所を見つけることになります。

興味深い例として、1991年、バルセロナ五輪のプレ大会のときに発生した風のベンドがあります。風向は205度で、場所はバルセロナの南西方向で海岸線は245度を向いていました。沖合には約500メートルの高度で層積雲が空を覆っていました。バルセロナの市街地から7km南西では海岸線が210度に曲がっており、その付近で雲はなくなり、風がバルセロナへ届くあたりでは快晴になっていました。雲がなくなった理由は、風向が20度変化し、海岸線も曲がったため、岸に近い場所で風が発散して空気が安定したためです（図3.9）。セーラーのみなさんは、曇りから晴れへの変化は岸付近での風の変化があるというメッセージだと考えてください。雲がある場所で風が強いと考えるのではなく、雲がなくなった場所に風が弱いエリアが存在すると覚えてください。

海から陸へ向かって吹く風

風が海から陸へ吹く状況では、海上で風向や風速に変化は少なく、変化は風が陸上に進入（到着）したときに地形の影響を受けて起こります。しかしながら、第9章で説明するように、陸が暖められて発生する対流による海風を無視してはなりません。

まとめ

図3.10は、陸と周辺付近の海上の風を簡単にまとめたものです。陸が図の上部にあり、横向きに海岸線がのびている場所で、図の中心にある×地点で吹く風を表しています。風の発散するゾーンと収束するゾーンは、海岸線が直線かどうかによって違ってきます。第8章では、このゾーンと風向にしたがって海風の発生を判断することになります。

戦術として

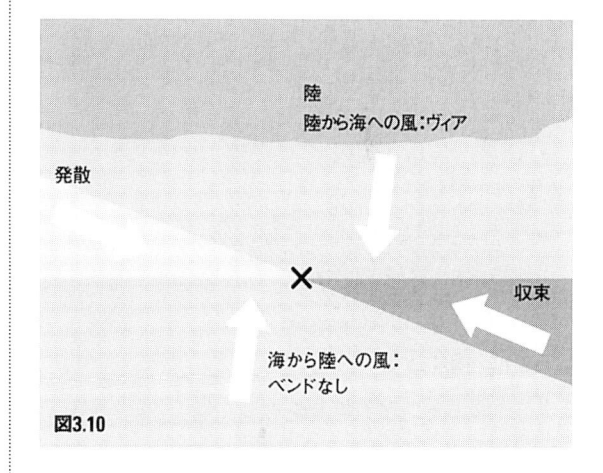

陸
陸から海への風：ヴィア
発散
×
収束
海から陸への風：ベンドなし
図3.10

直線の海岸線の沖合10km以内に設定されたコースで風を探す場合、岸に沿って風が吹いているときに海風の影響を考えないとすれば、岸に対してとことん寄せていくか、もしくはまったく寄せないかで、間にある弱い風のエリア（岸に対しての風向に左右されます）を避けることが必要です。

海岸線に崖がある場合

■ 海岸線に沿って吹く風

直線に近い海岸線に沿って風が吹いているときは、海岸線に崖があろうとなかろうと大きな差はありません。風向により、岸に近い場所や少し離れた場所で強風や微風のゾーンが発生していることは説明しました。ただし、崖がある場合は収束による強風バンドが崖から比較的近い範囲に発生しています。

■ 陸から海へ向かって吹く風（オフショア）

崖から海へ吹く風は異なるところがあります。陸

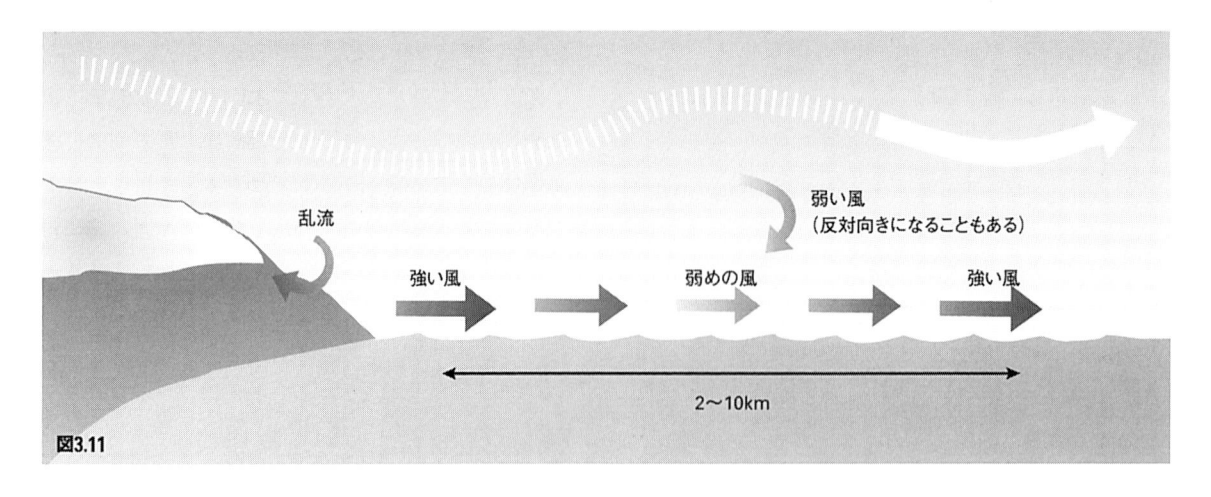

図中ラベル（図3.11）: 乱流／強い風／弱めの風／弱い風（反対向きになることもある）／強い風／2〜10km

図3.11

から海へ向かって吹くときは風向が右へ変化（ヴィア）するのは同じですが、2〜10km風下側（崖の高さによる）では三角波や乱流が発生することがあります。

崖から比較的安定した空気の風が吹き下ろすことで三角波が発生しますが（図3.11）、吹き下ろした風は強風のゾーンと風が弱くなるゾーンを作り出し、弱い場所の上には雲ができてシグナルとなります。元の風に変化がなければ強風ゾーンは同じ場所で安定しており、レース中に極端に変化しないでしょう。逆に、風が弱まるゾーンは変化に富んでいます。特に崖が高い場所では風向が反対向きになることもあります。ゾーンの位置はあまり変わりませんが、風向や風速は大きく変化します。このことを頭に入れて走るエリアを考えていけば、崖に平行にある強風ゾーンを選んで走れるでしょう。

崖の真下にあたる場所では乱流が発生し、風向が反対向きになるような大きな変化が起こります。

■ 海から陸へ向かって吹く風

海から陸へ向かって風が吹いている場合は崖のところで乱流が発生している可能性が高くなりますから、崖から離れて走ることが必要になります。海風が発生する場合は（第7章で説明します）、風が最初から崖を迂回して近隣の谷へ吹いていったり、崖のところでせき止められてしまうこともあります。これは崖の高さに影響されますが、崖を越えられない風は崖に沿って流れていき、最初に現れた平地や谷などに流れ込むようになります。

湖では

湖でも、陸の影響を受ける風の変化のパターンは、これまでに説明してきたことと変わりありません。ルットランド貯水池のように直径が数kmになる湖では基本事項を説明するのに十分な要素がそろっています。風が湖岸から水面に進入するときに発生するベンド（図3.12のA地点）、風上を向いて湖岸を左に見たときに湖岸付近で発生する風の収束（C地点）、風が発散して弱いゾーンができている風上を向いて陸地を右側に見た場合（B地点）などがあります。海風と同じように対流によって発生する風については、第7章で説明します。

もっと大きな湖になると湖岸によって傾度風に変化が起こりますから、場所を分けて考えなければなりません。山脈やフィヨルドなどの高い地形に囲まれた場所では、傾度風が地形の影響を受けます（第13章で説明します）。

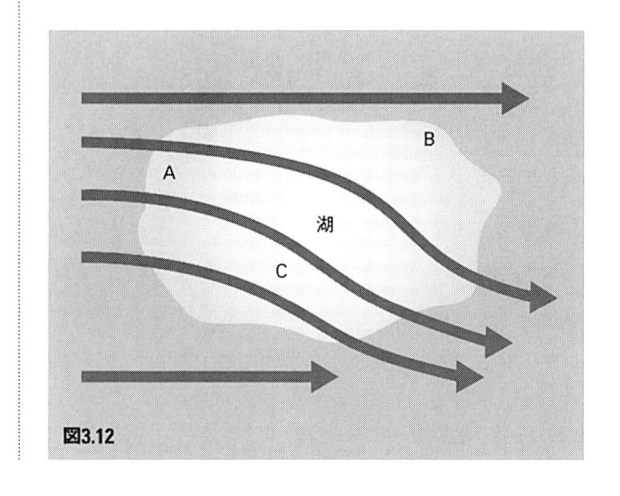

図3.12

島の影響

　風が島などの影響を受けて乱れる範囲は、島の大きさや高さによります。直径が5〜10km程度の大きさで、比較的平坦な島を例にとるとすれば、海岸線の影響はこれまでに説明してきたことがあてはまります。風が島を越えるときには摩擦抵抗が大きくなるため、風が弱まり、風向は15度程度左へバックします。この風速と風向の変化が起こる範囲や時間は、空気の安定度と風の強さに左右されます。島の片側でみられる強い風は、空気の流れが収束している証拠ですし、反対側で風が弱まるのは発散がある証拠です（図3.13）。

島の風下側の特徴

　強風バンドが一度できてしまうと、そこから風下へと数kmのびていきます。島の風下側へ30〜40kmも強風バンドが発生するのも珍しいことではありません。そして、島の反対側に風が弱いゾーンが発生する傾向も、はっきりと表れます。同じように、半島や岬などから風下側に発生した強風バンドも数kmに及びます。図3.13を見ると、強風バンドが始まる場所はさまざまです。このことから、レースエリアの風上側に陸地や島がある場合は、その影響を十分に考慮することが大切です。風向が同じだからといって、常に同じ側に強い風があるとみてはなりません。さまざまな気象条件がそろわなければ同じにはならないからです。

　山がある島の特徴は、風下側に渦が発生することでしょう。カナリア諸島がよい例です。気象衛星からの画像をみるとカナリア諸島の風下側には渦状の雲が300〜400kmにわたって点在することがあります。個々の渦は直径50kmくらいの大きさになります。

島を通過する風

図3.13

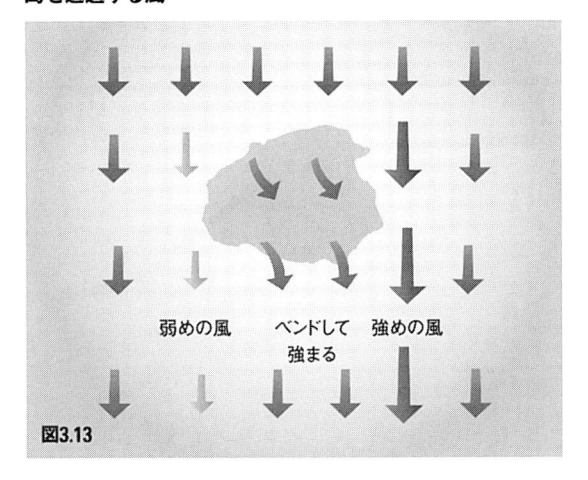

弱めの風　ベンドして強まる　強めの風

かもめノート

　まず、自分のホームウオーターで今回説明した風のベンドやバンドが実際に起こっているかを考えてみましょう。また、天気予報の気圧配置と傾度風、実際に吹いた風との違いはありませんでしたか？
（1）地形の影響でベンドが考えられますか？（海岸線の形と向き、山、谷、島、崖）
（2）ベンドによる強風バンドがありましたか？（収束と発散）
　陸地との位置関係を正確に把握するにはGPSを使うと便利です。自分が走ったデータをとって、地図に読み込むと陸からの距離が分かり、記録が正確になります。陸地の山、丘、崖の高さも、ついでに調べてみましょう。そういった高低差のデータが入っているGPS地図は便利です。

第4章 | 実際に吹く風──風のバンド、水温や潮との関係

風のバンド

　風が気圧傾度によってのみ吹くと考えることは誤りです。スムースだと思われている海面ですら、そういったことはありません。風は帯状に吹こうとしますが、もっとも明快な例は貿易風で、大海原の真ん中に発生した「貿易風積雲」は何百kmにもわたって形成されます。

　こういった雲列は気象用語で「ロール状対流雲」と呼ばれ、水平に流れる風は雲が発生している場所で上昇し、雲列の間で下降して対流しています。上昇レーンと下降レーンはおおよそ2〜5km程度の幅です。雲がなく晴れているレーンでは空気の下降により、雲がある場所よりも風が強くなります。雲がある場所は風が水面上を吹いてくるだけなので、摩擦抵抗で風が弱まります（図4.1）。

　雲がなくても、または空一面が灰色の雲に覆われていたとしても、陸の影響を受けない海上で風のバンドは存在します。強い場所と弱い場所との風速差は10〜25%程度になりますが、このようなバンドは3〜8km間隔で発生していることが多いのです。岸に近い場所では地形の影響を受けるので風のバンドは同じ場所に現れやすく、特に陸地と平行に風が吹いている場合は海岸線付近にバンドができます。陸地から離れるとバンドは傾度風の影響を受けて横方向へずれていきます（図4.2）。

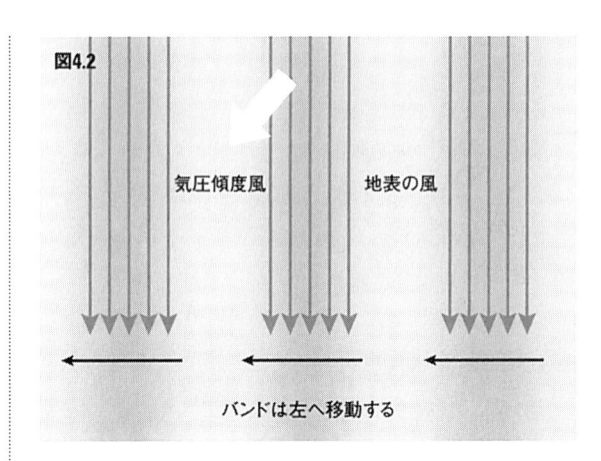

　陸から10km沖を帆走していたときに予想よりも風が弱かったとしたら、まずはポートタックになって風が強まるところまで走りましょう。そして、風が強まったらスターボードタックに返して、強いエリアの中をできるだけ長い時間、走るようにします。このレースでの戦術は1930年代にエイドラード・コール氏が「風が弱まったときにはポートタックで走って強い風をつかめ！」と解説していました。その裏づけになる理由が分かったでしょうか？

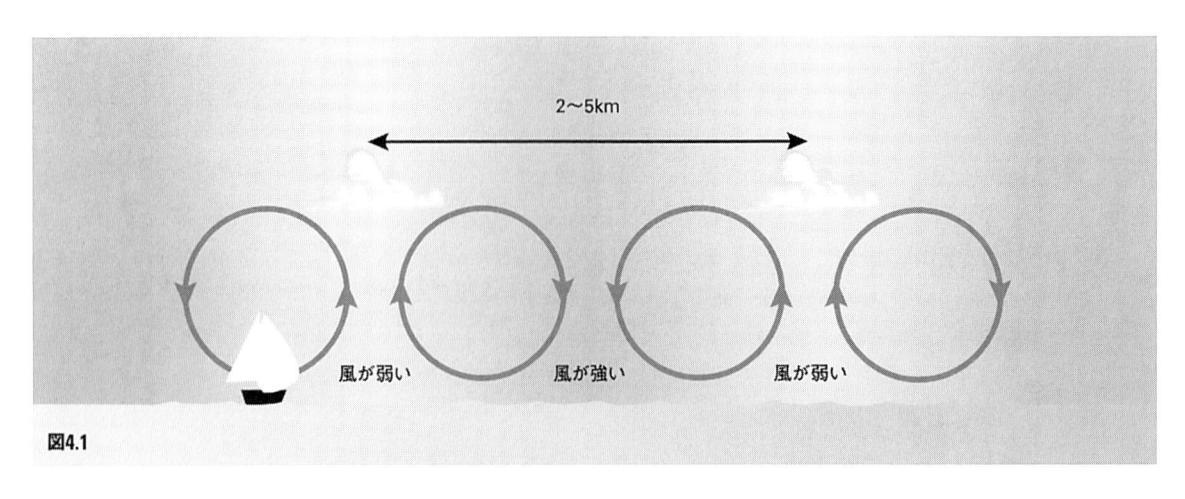

傾度風が10ノットよりも弱くなると風のバンドは形成されなくなり、10～15km程度の弱い渦ができるときがあります。ぽっかり穴があいたように風が吹かない場所ができますから、そこに入ってしまったときには傾度風の風上に向かって進むことが、抜け出す近道です。

水温の変化

水温が急激に変化する場所では、陸地があるのと同じくらい風への影響があります。水温が低い場所では空気が冷やされて徐々に安定していきます。そうすると水面の摩擦抵抗を受けて風は弱まり、左方向へ変化（バック）します。対照的に水温が高い場所では空気が暖められて不安定になります。対流が発生すると風は強まり、右方向へ変化（ヴィア）します。

水が暖かい場所と冷たい場所をゾーンで仕切る（図4.3）と、陸地に対する変化と同様に考えることができますが、水温の境目になる場所を海岸線とみれば、風向の変化が起こるのはそこから風下側ということになります。そして、境目に対して平行に風が吹いているときには、風が収束して強まっている場所と発散して弱まっている場所とがあります。風速や摩擦抵抗と関係してくるので、第3章の図3.6、図3.8を参照してください。また、風はわずかながらも温度の高い水面のほうが冷たいところよりも強めに吹きます。しかし、風に向かって冷たい水面が左側にあるときは、境目よりもやや水温が低い側に風の強いバンドが発生しているかもしれません。

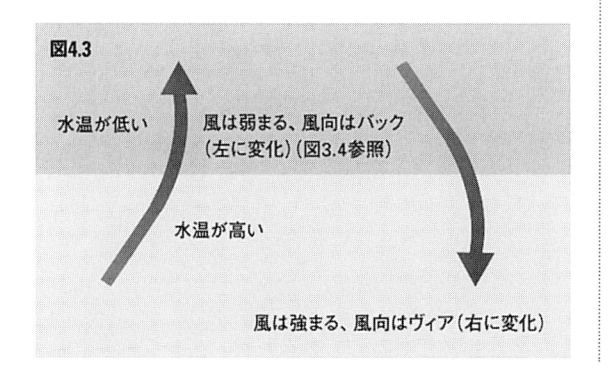

空気の安定度が大きく変化するところでは――ある水温のエリアでは空気が安定していて、隣接する水温のエリアでは空気が不安定な場合――この2つのエリアでの風速差は大きいところで25％に及びます。しかし、これらのエリアが数kmに及ぶ広い範囲でなければ起こらない変化でしょう。

水温の差が4～5度あることも珍しくありません。潮汐のある河口などでは異なる性質の水が混ざっていて、水面の色が違っていたり、帯状に海藻などの浮遊物があったりするので目印になります。同様な温度差は次のような場合に生まれます。

・潮の干満が大きく、水の上下が入れ替わりやすい場所
・海から陸へ風が吹いているときに暖かい水面の水を岸近くへ押していく場所
・陸から海へ風が吹いているときに暖かい水面の水を岸から沖へ押していき、深いところから水温の低い水が水面に出てくる場所

これらのことは、めったに起こらないだろうと思わないでください。オンショア（海からの風）やオフショア（陸からの風）が連続して何日も吹き続けると、ヨーロッパで開催されるレガッタのレース海面では2～3度の水温差がでる場所があります。こういった場所でレース前に風向が変わって陸に沿って吹き始めたら、水温の等温線と風向との両方が海岸線と平行になります。そうすると、コースの右と左とで水温が異なるエリアが存在することもありがちです。水温が高い側で強めの風を探してみましょう。同じことは、温度差が生じやすい河口付近でも起こりやすいです。

実際に水温を測らずに、レース海面での水温の差を判断することは簡単ではありません。しかし、コースの中での水温差1度がここ一番の大接戦では風を判断する要素になり得るわけですから、レースの前に水温を測定することを心がけましょう。水温計なら何でもかまいませんが、水中から水温計を取り出して、ボートの上で目盛りをよむまでに温度が変化してしまわないように、水溜めがつい

図4.3
水温が低い
風は弱まる、風向はバック（左に変化）（図3.4参照）
水温が高い
風は強まる、風向はヴィア（右に変化）

たものがいいかもしれません。

潮の干満

潮が流れる向きが変化すると風には3つの影響があります。
・風に対する摩擦抵抗が増える
・水温の分布も変化する
・陸の温度も変化する

風に対する摩擦抵抗の変化

この影響は判断しやすいです。風向と潮がくる向きが同じ場合は潮がないときよりも水面の摩擦抵抗が少なくなり、海面はなめらかで、波は小さく波長の長いものになります。潮と風が逆向きになると水面の摩擦抵抗がかなり増えることになり、波は波長が短くシャープな、高さがあるものになります。風は弱まり、風向は、数度ですが左へ変化（バック）します。

水温の変化

潮の転流によって水温が変化することがあります。温度が上がるか下がるかは、満ちか引きか、水温の高い場所と低い場所の配置、深い場所から水温の低い水が表面に出てくるなど、さまざまな理由によります。冷たい水は水面の気温を下げますから空気は安定していき、対流が発生しにくくなります。予想される気圧傾度風よりも水面では風速が弱まり、風向が左へ変化（バック）します。暖かい水面では、接している空気も暖められて対流が発生しますから、傾度風よりも風速が増し、風向が右へ変化（ヴィア）した風が考えられます。この強めの風をつかみたいときは、水温が高いほうを走ることを考えましょう。逆に弱めの風でもいいから左への変化（バック）が必要なときは、水温が低い側を狙うように考えましょう。

図4.4では河口付近を解説しています。河川の河口付近でレースがあるときには、川からの水の上を走っているのか、海の水の上を走っているのかを考えましょう。季節によって両方の水の温度差

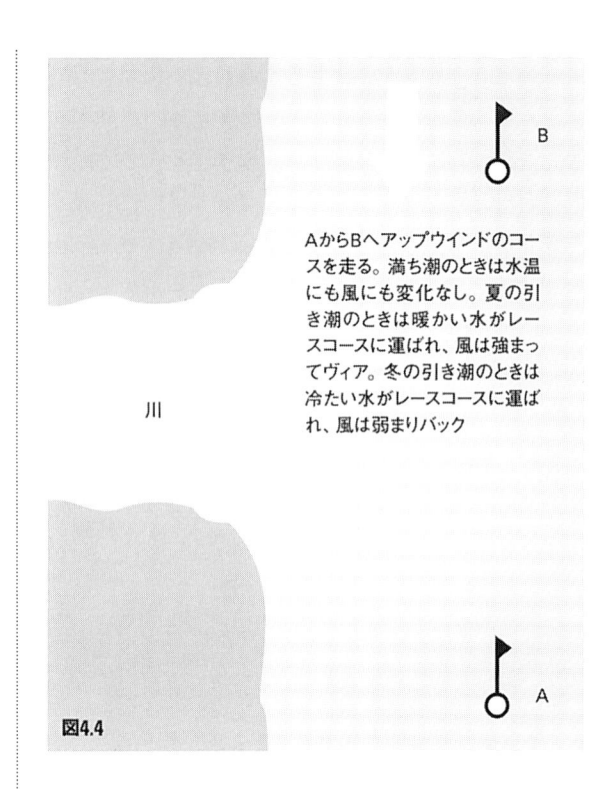

AからBへアップウインドのコースを走る。満ち潮のときは水温にも風にも変化なし。夏の引き潮のときは暖かい水がレースコースに運ばれ、風は強まってヴィア。冬の引き潮のときは冷たい水がレースコースに運ばれ、風は弱まりバック

川

図4.4

があることを考え、そういう可能性があるときには必ず水温を調べておきましょう。

陸の温度変化

引き潮で干上がって温度が高くなっていた泥底や砂浜に、潮が満ちて冷たい水が流れ込み始めると、突然に局地的な海風が発生することがあります（第7章で説明します）。水温の変化は、水面とマストヘッドの高さであっても風に違いを生み出すことがありますが、これは水温が気温よりも暖かいか冷たいかによって度合いが変わります（第21章で紹介します）。

第5章　実際に吹く風——ガストとラル

　風は刻一刻と、秒きざみ、分単位、1時間ごと、1日、そしてそれ以上の長いタイムスケールで変化しています。ここで紹介するガストとラルは一般的に分単位で変化する風の強弱で、この変化は3パターンに分けて考えます。
・熱対流にともなうガストとラル
・力学的な影響によるガストとラル
・陸から吹く風のときに岸に近い場所で起こるガストとラル

熱対流にともなうガストとラル

　第2章では、水面や地表近くでの空気の対流によってガストやラルが発生することが多いのを学びましたが、上空の空気は地表面の摩擦抵抗が弱く、地表近くで摩擦抵抗により速度が落ちた空気を追い越して下降します。熱対流が良い例で、地表付近で暖められた空気が浮力を持ち上昇すると、そこに上空からの冷たい空気が流れ込んで対流を作ります。これなら分かりやすいですね。

　積雲が発生している場所では、たいていの場合、ガストとラルが周期的にやってきます。地表の風は気圧傾度によって吹いているので、そこに対流の上下の動きを重ねて考えます。積雲の下では上昇流、雲と雲との間には下降流があります（図5.1）。下降する空気には地表の摩擦抵抗がありませんから、傾度風そのままの風速と風向で、強いまま吹き下りてきます。それは地表を吹いてきた風よりもヴィア（右方向への変化）であり、強まります。この強い風を、ガストと呼んでいます。雲と雲との間の空気は地表を流れている間に摩擦抵抗で風向がバック（左方向への変化）し、弱まります。これをラルと呼びます。熱対流によって起こるガストとラルは、はっきりとした性質をひとつ持っており、ガストはヴィアに変化して強まり、ラルはバックに変化して弱まります。

タイムスケールと変化の大きさ

　もしも積雲が小さく、雲と雲との間隔が狭ければ、ガストとラルの周期は短いと考えられます（およそ3分前後でしょうか）。風の振れ幅も5～10度程度で、風速の変化は5～10％でしょう。もしも、積雲が大きく、雲と雲が離れてあるときは、周期も長くなるでしょう（およそ10～15分）。シフトは大きく、不規則になります。対流が活発になり、積雲が発達して積乱雲になると降水が始まり、それまでの状況とはまったく異なる風の性質が出てきます。これについては第14章でふれることにしましょう。

力学的な影響によるガストとラル

　力学的な影響とは、単純に地形に影響されて空気が混ぜられたり、地表がスムースでなく、でこぼこした状態のところで起こりやすい影響のことです。風は波打つような、しかし、つながった流れで、風向も風速も影響を受けて変動します。これらの変動を記録してみてみると、強弱やヴィア、バックの変化が同時であったり、ランダムであったりして、「ヴィアがガストでバックがラル」という明確な変化が表れません。

陸から吹くときに岸に近い場所で起こるガストとラル

　もしも、海岸線を横切って、陸から海へ向かって風が吹いていたとすると、水面では摩擦抵抗が陸よりも小さくなるため、ガストはヴィア、ラルはバックと想像しやすいでしょう。これが多くのセーラーの経験している、ガストはヴィア、ラルはバックのパターンですが、岸から1～5km沖に出れば風は安定します。この距離は空気の安定度に左右されます（前の章で説明しました）。

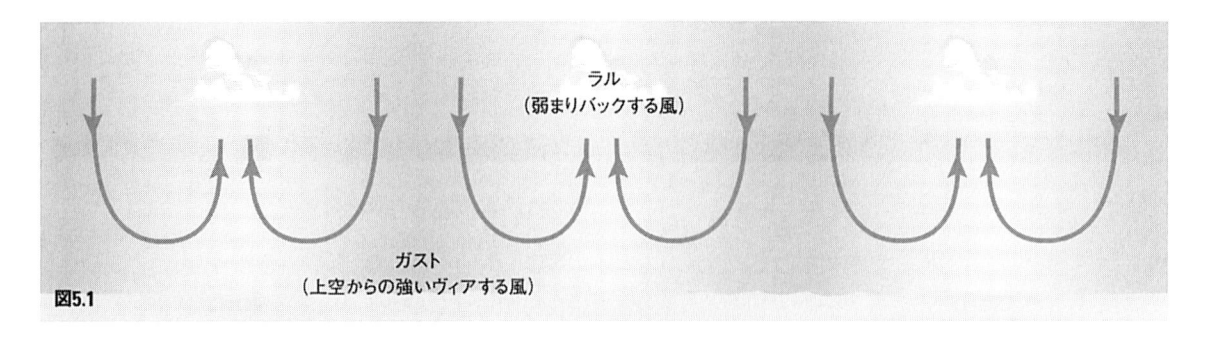

図5.1 ラル（弱まりバックする風）／ガスト（上空からの強いヴィアする風）

海から吹くときに岸に近い場所で起こるガストとラル

　場所による温度差の少ない海上を吹いてくる風は、変化の周期を測ると規則正しく、予測しやすいパターンを持っています。分かりやすい例としては、貿易風が挙げられます。小さな積雲が列状に、ときとして100km以上も、何列も並んで発生しています。それぞれの雲の下には上昇流があり、雲がなく晴れている場所には下降流があって、対流が見られます（図5.1で雲が列になっていることを想像してください）。

　海岸付近でも、海からの風の場合は貿易風と同じ性質の風が吹きます。

　積雲がないからといって、ガストやラルがないわけではありません。空気が乾燥しているために雲が発生しにくいだけで、雲がなくても対流が存在すればガストとラルがあります。

内陸でのガストとラル

　内陸部では、ガストとラルが不規則に起こります。ひとついえることは、地表での温度上昇は湿度や地表面の状況など場所によって異なる条件にかなり影響を受けるということです。黒い舗装された場所は周辺の草むらと比べたら10度以上温度が高いことがほとんどでしょう。内陸部での湖などでセーリングしている人は、ガストとラルを見た目どおりに判断していかなければなりませんが、スタート前に周期を測って毎回の傾向を記録していくことは参考になります。短い周期の中にも傾向的な要素が見えてくることが、よくあります。

風は常にガストでヴィアするか？

　正解は「NO」です。ガストとヴィアのつながりは北半球で積雲が発生しているときのパターンであり、空気が海水温に対して不安定なときの中風から強風、海岸付近で陸から風が吹いているときはあてはまります。しかし、空気が安定していて風も強いときや陸を吹いている風にはあてはまらないはずです。

　ひとつ覚えておいてほしいのは、陸などの影響がない海上では、ヴィアで強まりバックでラルだった風の周期が乱れ始めたとしたら、それは次にくる風への変化の兆しだということです。

戦術として

　どんなレースでも、スタート前にガストとラルの周期を測りましょう。そして、決まった変化や傾向がある場合はメモしておきましょう。

スコール、大波、潮流

　これらにともなうガストもありますが、他の章で触れていきます。スコールについては第14章、潮流と大波については第13章です。

かもめノート

「ガストはヴィアで強まり、ラルはバックで弱まる」という北半球でのパターンを覚えましょう。強い風のかたまりや弱い風のエアポケットのような場所にも原因がありますから、パターンを見極めるために、強弱の周期や振れ幅などを記録して傾向を見ていくようにしましょう。何か不思議な発見が必ずあると思います。

第6章　実際に吹く風──南半球では

第2章から第5章で説明してきた風についての基本事項は、南半球でも同様に考えます。ただし、注意しなければならないのは、地球の自転から受ける影響が南半球では北半球と反対になるため、気圧傾度風が等圧線に対して吹く方向は反対になります。したがって、これまで説明してきた北半球での図は、鏡映しにして見なければなりません。

気圧傾度風と地表の風、安定と摩擦

ボイスバロットの法則は南半球では反対になるため、風を背中から受けて立ったとき、低気圧は右手を差し出した側にあります（図6.1）。地表の風は摩擦抵抗を受けて速度が落ちますが、風向は上空の風向よりもヴィア（右方向へ変化）します。第2章の図2.4、図2.7、図2.8、図2.9は、北半球でも南半球でも同じです。ガストとラルが発生したとき、上空の空気が下降してガストとなる場合は特にそうですが、風向はバック（左方向へ変化）しますから、北半球とは逆になります。

陸から吹く風

第3章の中で、南半球でも唯一共通して使えるのは図3.11です。ほかの図は全部鏡映しにして考えてください。

陸に沿って吹く風

陸に沿って風が吹いているときは、風上を向いて右側に陸があるとき、風の発散するエリアが1～5km沖に風速の増すゾーンを作ります。また、陸を左に見るときは海岸線から1～5km沖に風が収束する場所ができます。第3章の図を鏡映しにして見ます。図6.2でまとめています。

島と湖

第3章の図を鏡映しで考えます。

オープンシー（外海）

陸の影響がない外海では、風のバンドがあることを予測しましょう。図4.1はそのまま使えますが、バンドが移動していく向きは反対（鏡映し）になります。

水温の影響

水温が高いとき、風はいつもより強く、バックします。これも第4章の図の鏡映しです。

ガストとラル

これらについては北半球で覚えたことと同じですが、ガストはバック、ラルはヴィアと、風が変化する方向が反対になります。特に陸からの風が吹いている岸付近では顕著です。

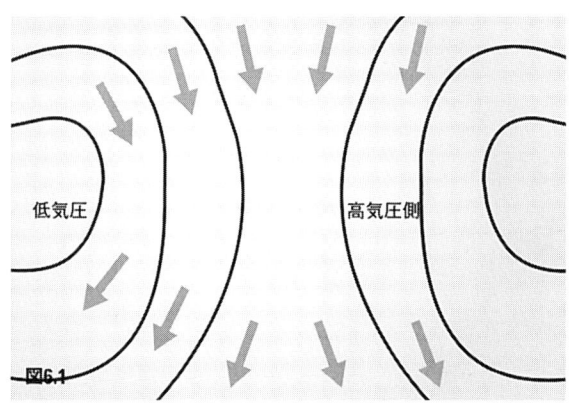

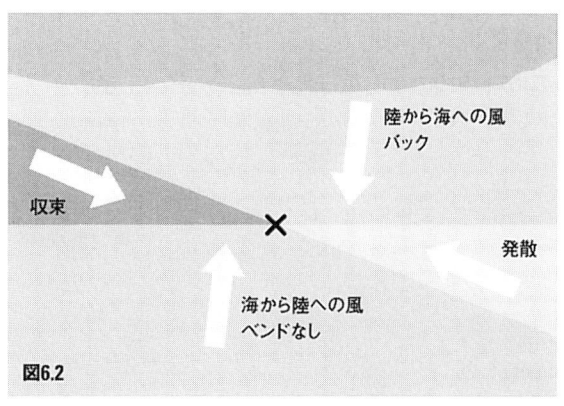

図6.1

図6.2

第 7 章 | 海風——傾度風がなく、シンプルな場合

「海風」は、海から陸に向かって吹く風という広い意味で頻繁に使われている言葉です。しかし、気象用語として正確に説明すると、海岸付近で陸が暖まり、気圧が下がるために海から陸へ吹く風として区別します。

太陽の熱により陸の温度が上がると対流ができて「海風」が発生します。陸の空気が上昇し、地表に近い部分で海から陸へ風が吹き、上空では陸から海へ向かって風が吹くという循環ができます。この「海風」は性質に特徴があるので、予測しやすく、ヨットレースの戦術に取り込みやすいものです。「海風」と「海から陸へ向かって吹くほかの風」とを区別することにより、「コースのどちらサイドが有利になるか？」という質問に対しての答えが見えてきます。

この章で説明する海風は、傾度風がないものと仮定します。実際にそんなことはほとんどありませんが、海風の発生とその発達、ふるまいを世界のどこへ行っても理解できるように、単純に道筋を立てて、基本を覚えましょう。第8章では、傾度風が海風に影響して、海風が強化されたり、抑制されたりすることを説明します。

どう始まるのか

海風は、天気のよい晴れた日に起こります。陸の上にある空気は海の上にある空気よりも暖められ、海風のメカニズムが次のようにして始まります（図7.1）。注意してほしいのは、海風が始まるのは時計の時刻で考えず、太陽の日照時間で考えることです。

1. 陸の上の空気は暖められて膨張します。海の上との温度差が1度か2度あれば、海風のプロセスが始まるのに十分な条件です。したがって、薄い雲が陸の上にかかっていても、気温が上がれば海風の発生を妨げることはほとんどありません。

2. 膨張により浮力をもって上昇した空気が上空300〜1,000メートルで過剰となります（気圧が不

海風のメカニズム

3. 上空の空気は気圧の均衡を保つために陸から海へ向かって流れ始める（陸から海へ向かう傾度風がある場合はこれを強める）。

4. 空気は海から陸へ流れようとしている場所を埋めるために、海の上で下降（沈降）する。

2. 膨張により浮力をもって上昇した空気が上空300〜1,000メートルで過剰となる（気圧が不均衡になる）。

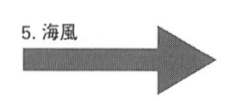

5. 海風

1. 陸の上の空気は暖められて膨張する。海の上よりも1度か2度の温度差は、海風のプロセスが始まるのに十分な条件である。

図7.1

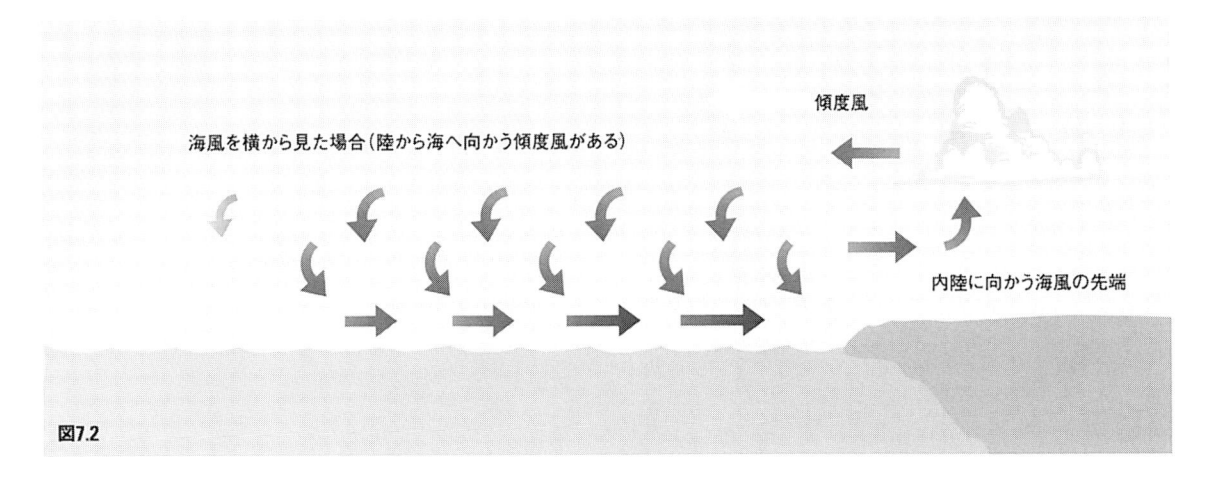

海風を横から見た場合（陸から海へ向かう傾度風がある）　　　　　　　　　**傾度風**

内陸に向かう海風の先端

図7.2

均衡になる）。
3. 上空の空気は、気圧の均衡を保つために陸から海へ流れ始めます。
4. 空気は海から陸へ流れようとしている場所を埋めるために、海の上で下降（沈降）します。
5. こうして「海風」が発生します。

距離と時間は？

一度始まってしまえば、海風はどんどん強まり、地表付近は内陸へ向かって安定して吹き、上空は海のほうへ流れる距離がのびていきます。上空の流れが海側へのびればのびるほど沈降する空気の量は増え、海風の供給源となり、供給量の増える海岸に近い場所では、より強い風が吹きます（図7.2）。

一般に、海風は午後になると約50km沖まで広がり、沖では1〜2ノットと弱く、海岸線に近い場所では20ノットを超えるようなときもあります。どこまで強く吹くかは、大気の安定度が大きく影響します。上空の海に向かう流れの高さが変わるからです。高気圧などでは大気が安定して霞がかっていたりしますが、沈降性逆転（後半で説明します）で海風にふたをしたようになります。上空の海に向かっての流れ（反流）は高さが500メートルほどの低い天井の下を流れますから、上への発達に制限をかけられた状態となり、海風は5〜10ノットを超えることはないでしょう。

もしも、海岸線が山だったら、ふたが山頂よりも低い場所になり、反流は山にさえぎられて流れが弱まり、海風も反流も谷のところで表れやすくなります。

陸の温度がどれくらい上昇するかというのは、シンプルな海風を考えるときにはさほど重要ではありません。温度が重要なのは、傾度風の影響を受けた海風の場合（第9章で説明）です。

戦術として

海風が入ってからスタートした一般的なオリンピックコースのレースでは、岸寄りのコースがのびることが多くあります。岸寄りで風が強いことが多いからです。

風向の変化

最初、海風は陸から吸い込むように始まり、風向は海岸線に対して直角になります。循環のスケールが大きくなると、海風が強まり、より多くの空気が岸に向かって動くようになります。陸は海よりも摩擦抵抗が大きいので、風速は落ちます。

風向は地球の自転の影響を受けて変化します。北半球では右に、南半球では左に変化します。海風が吹き始めると、風は岸に近い場所で強くなり、海岸線の10kmあたりの平均をとると約20度の風向の変化があります。風向の変化（北半球ではヴィア）は最初の1時間が急激で、2〜3時間で完了します。

戦術として

海風は最初の風向変化（北半球ではヴィア）が急

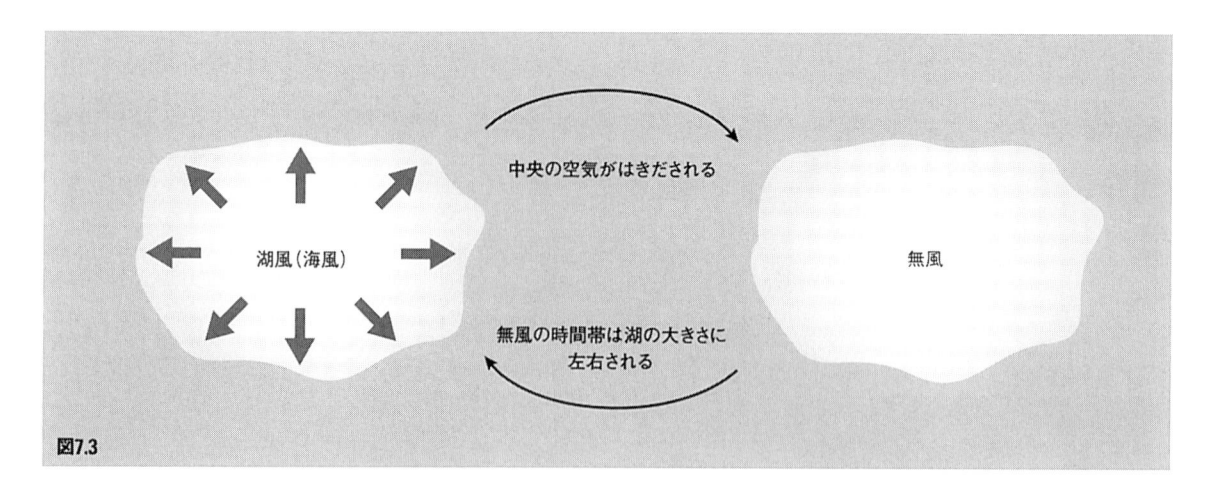

図7.3
湖風(海風)
中央の空気がはきだされる
無風
無風の時間帯は湖の大きさに左右される

激であり、海岸線に対して20度になる頃には落ち着きます。

まとめと変化のシグナル

海岸線が直線で、傾度風を考えないときの海風は次のように発達します。

1. 朝は風がなく、空は晴れて雲はあったとしても薄い。
2. 陸の気温が上がり、海面の温度よりも高くなる。
3. 陸から海へ出てきた低い雲が消散する（空気の沈降が始まったシグナル）。
4. 陸に向かってゆっくり空気が動き始める（海風の発生）。
5. 海風は徐々に強くなり、内陸方向、沖方向へとその範囲を広げていく。海風の流れの先端では、陸の上には積雲が発達することが多い。しかし、空気が特に乾燥しているときは上昇流が発生していても、シグナルとなる積雲ができないときがある。
6. 海風の風向は、海岸線の向きがどうであろうと、北半球ではヴィア（右方向へ変化）する。一般的に変化は最初の1時間で40度程度である。海風が強まり、陸に近い場所で最も強い風が吹く。
7. 最終的な風向は——海岸線の向きよりも20度程度バック（左方向への変化）——吹き始めから3時間くらいで落ち着く。風速は午後遅くまで強くなる。最も強いときには25ノットに達することもあるが、強さは大気の安定度に左右される。

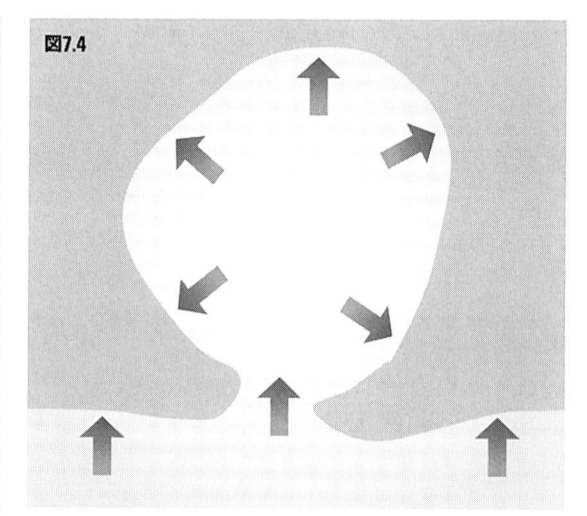

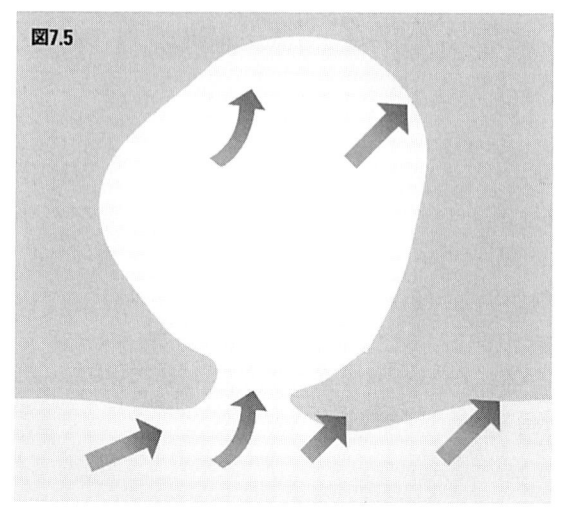

図7.4

図7.5

8. 海風は日没とともになくなり、その落ちかたのペースは、陸の温度の下がり具合に左右される。最も強く吹いている陸のそばが、最も急激に海風がなくなる。

北半球の海岸で吹く海風

上記で説明した基本になる理論は、どこでも通じる仕組みであり、どこの海岸でも応用が利きます。レースエリアの中で、ピンポイントに海風の風向、風速の変化を予測することが難しいのは分かると思いますが、その場所での練習と経験を重ねていく間に、より強い風はどこに吹くのか、また最もヴィア（右方向へ変化）するのはどこか、バック（左方向へ変化）するのはどこかというのは見当がつくようになります。このとき、2つの質問を考えましょう。「海風の源となる空気はどこからくるのか」と「源になる空気はなんらかの制限を受けているか」です。

湖での「海風」

湖で吹く海風のシンプルな例を取り上げてみましょう。発生に関しては図7.1と同様ですが、湖の大きさにより、風を吹かせる源となる空気の供給に限界があります。図7.3ではその現象を説明しています。海風が午後中続く状況になるためには、直径が40～50km以上の湖でないと難しいのです。小さな湖では全周囲で陸へ向かって風が吸い込まれていき、ある程度の時間が過ぎると、源となる冷たい空気がなくなってしまいます。陸と湖上の温度が同じになった状態から、さらに陸が暖まると、温度差ができて、また海風が吹きだすということが繰り返されます。直径が5～6kmの湖では空気の流れがなくなり、海風が止まるまでに約20～30分しかかからないと考えられます。これよりも小さな湖では風が吹く時間が短くなり、大きな湖では長くなります。山間の湖については第10章で説明します。

湾での「海風」

次のステップは、湾や入江で発生する海風です。「湾」という言葉は、湖の1カ所が狭い入口で海につながっているものも意味すれば、長い海岸線が大きく曲がってできている開けたものも意味します。どの場所でも大切なのは、海風が発生するのに必要な空気の源が湾の外にあることと、湾がそれにどう制限をするかです。

図7.4と図7.5は外海に対して狭い入り口をもち、直径が10km程度の湖のような湾の例で、米ロードアイランド州のナラガンセット湾をモデルにしています。興味深いパターンが湾の中、湾の入り口、外海への海岸線付近で見られます。湾内の風は穏やかに周囲の岸に向かって吹き始め、1時間もすると源となる空気の流れがなくなり、湾の入り口からだけ風が入ってくるようになります。

しかしながら、入り口は狭すぎて十分に海風が流れ込むだけの広さはなく、初期の風はためらいがちに入り、入り口付近を除いて、やがてなくなってしまいます。あとは湖のケースと同様、陸の温度が上昇して海との差ができると、この現象を繰り返して、海風が吹いたりやんだりするのです。

このとき、湾の内側では入り口から流れ込む空気の影響が大きなものになります。湾内に吸い込まれる空気には、脈打つように波があります。この波動に対応して、海風は湾入り口で、20～40度の風向変化を見せます。岸に近ければ近いほど、風向の変化が大きくなります。こうなると海風が強まるにつれて、海岸線では右へ、それが湾に入るところでは左へと変化します。一般的に考える海風は、最終的には湾全体に流れるようになりますが、湾の大きさや形、その周辺の地形から影響を受けます。

島での「海風」

島に吹く海風は、湖のときと反対の考えかたをします。海風の源となる空気は十分にありますが、その行き場所がほとんどありません。もしも平らででこぼこのない島があったなら、周囲全体に海から風が吹き、島の上で収束し、上昇気流が発生して上空に雲ができているでしょう（図7.6）。気温が下がると風はやみ、島の気温が再び上昇すると海風が吹き込みます。

風が吹く波動は島の大きさに左右されます。直径10～15kmの島では、大体20～30分の間隔で風が強まったり弱まったりします。この島を陸地に近

づけてみるとワイト島とソレント海峡のような状況です（図7.7）。最初にソレント海峡から陸地と島へ海風が吹きますが、島と陸との間には風がなくなります。その後、陸地へ向かっての海風が強まると、島の影響をほとんど考えないでいいくらいに大きな空気の流れが海から陸へと海風を吹かせます。

海岸線に山と谷があるとき

海風は、海岸線の谷や傾斜が太陽に照らされ温度が上がると、海岸線に向かってまんべんなく吹き始めます（図7.8）。気温が大きく上昇する場所とやや上昇が小さい場所とが点在すると、より暖まった場所のほうに強く風が吹き、風向にも場所によって変化が出ます。

加えて、地球の自転により、最も暖められるホットスポットは常に同じ場所とは限りません。朝は太陽に面していた傾斜地が日陰に入り、気温が上昇しなくなると、より西側にある傾斜地へと海風を吸い込む役割は移ります。

そして、午前中の後半になると、いくつもの谷が海風を吸い込む競争を始めます（図7.9）。したがって、徐々に安定した風向で強くなることを期待してはならないし、最終的に落ち着く風向になるまではヴィアの変化に注意が必要です。徐々に風が強くなるというよりは、あるときには急激に、また

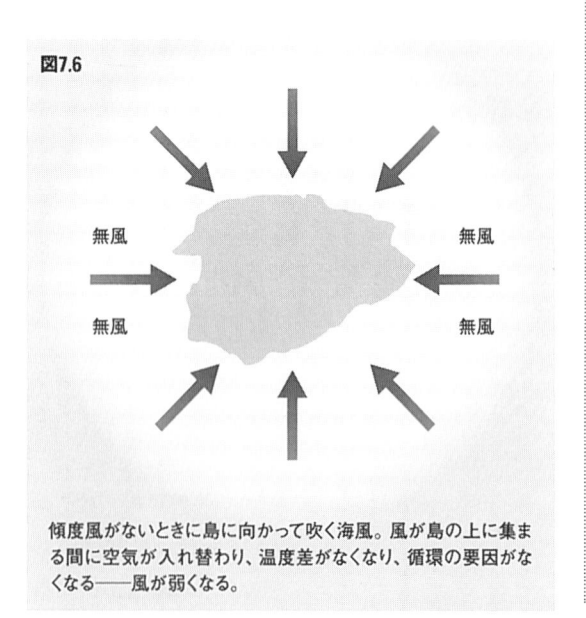

あるときにはそれほどでもなく、不規則な強まりかたをしていきます。初めてのレース海面では、この海風の強まりかげんが分かりませんから、何日か変化を見て、陸の気温が上昇するスポットを見つけることが大切です。

高気圧による沈降性逆転の影響

高気圧に覆われている場所では、海風のために対流が起こる範囲がかなり制限されてしまいます。高気圧の大気で重要なのは「沈降性逆転」です。高気圧には沈降流（下降する空気）があります。上昇する空気は膨張して、上昇すればするほど温度が下がり、下降してくる空気は圧縮されて、下降すればするほど温度が上昇します。この下降流が強いと温度上昇も大きく、地表から数百メートル上空の部

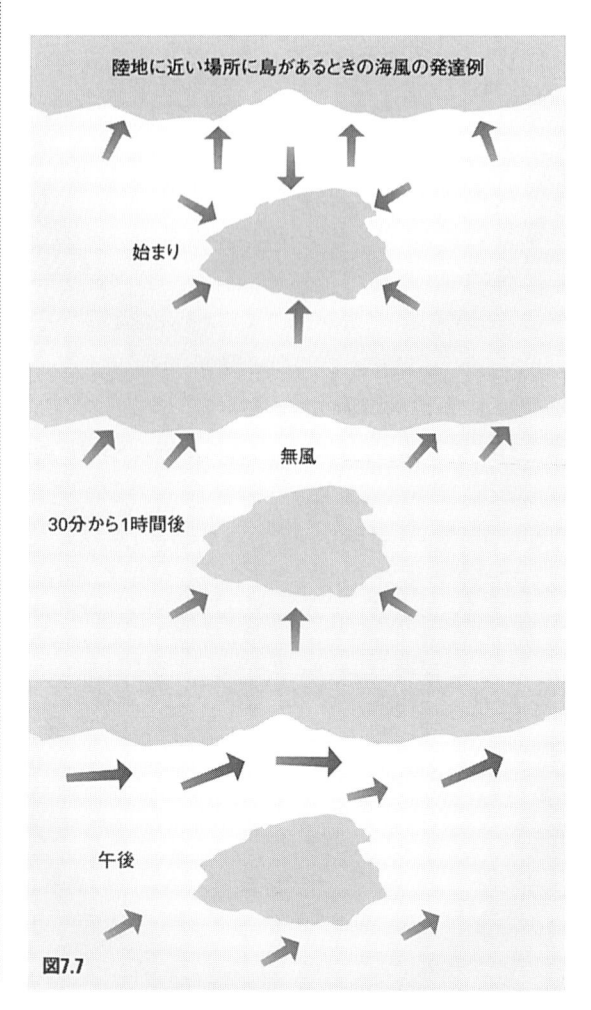

図7.6
傾度風がないときに島に向かって吹く海風。風が島の上に集まる間に空気が入れ替わり、温度差がなくなり、循環の要因がなくなる——風が弱くなる。

図7.7 陸地に近い場所に島があるときの海風の発達例（始まり／30分から1時間後／無風／午後）

最初は海風はまんべんなく入る

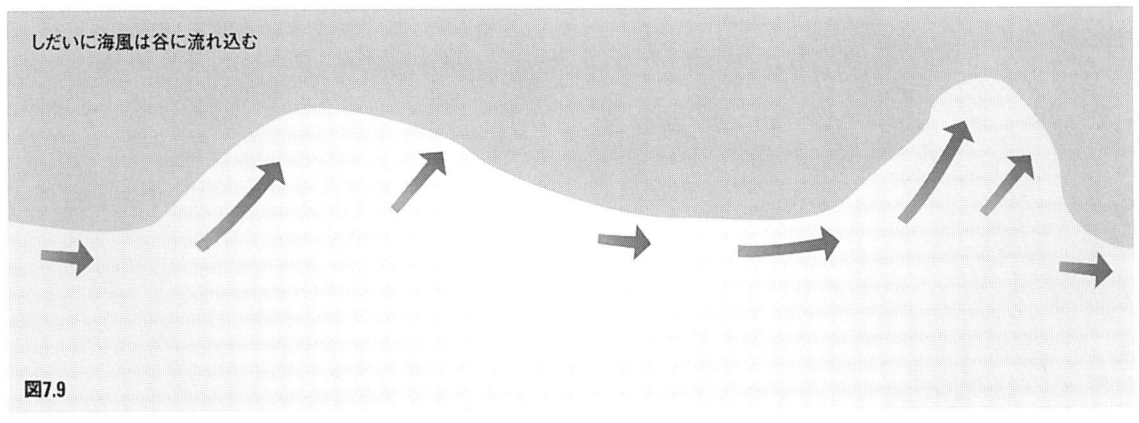

図7.8

しだいに海風は谷に流れ込む

図7.9

分で温度が最高になり、それよりも下では上空ほど気温が高いという気温分布ができあがります。

普通は上空ほど気温が低いので、上下の気温分布が逆転している部分を逆転層といいます。この逆転層は安定しているので、海風の対流にふたをする格好となり、対流が活発になるための高さが取れなくなります。

興味深い例として、1988年にオリンピックが開催された韓国があります。山に囲まれた谷を高気圧が覆いました。海風は釜山の背後にある山と谷の影響を受けて高気圧にふたをされた格好となり、海風はピーク時で6ノットまでしか上がりませんでした。

水温が暖かいときと冷たいとき

水温が低ければ低いほど、陸上との温度差が大きく、対流を促進します。水温の低い場所では海風が早く始まります。筆者が経験した中に、アメリカ・ロードアイランド州のニューポートがあります。海風が始まるのは、20kmほど南東に離れた水温が低い場所のほうが早かったのです。

かもめノート

海風の基本をしっかり覚えてください。これがあいまいなまま、次の章からの傾度風の影響を受けた海風の種類を勉強しだすと、分からなくなってしまいます。海風が強くならない理由の「沈降性逆転」は、言葉では難しそうに見えますが、単純に、上にふたがあるから抑え込まれて対流が発達しないこと、そして対流が発達できなければ海風は弱いということです。

ソウル五輪の会場となった釜山では、毎日強い風に悩まされ、(訳者が) 470級女子で出ていた最終レースではジブが破れて完走できなかったことを思い出しますが、そういえば風が吹かないときもあり、その理由が今回の説明でよく分かりました。山が多い海岸線では、沈降性逆転で山にさえぎられる空気のことだけでなく、山と谷の影響も忘れずに考えてみてください。

第8章　　　　　　　　　海風——傾度風の影響

　海風の基本的なメカニズムは第7章で理解できたと思いますので、次は海風が気圧傾度風にどう影響されるかを考えましょう。海風の循環が起こる基本要素は次の2つでした。

・やや上空で陸から海へ向かって流れがあること。
・沖に下降流（沈降）があること。

　気圧傾度がなかったとしたら、海風の発生を妨げたり、逆に手助けする要素がありませんので、陸の空気が温まって海上の気温よりも高くなれば、対流が発生します。この温度差は海風発生の大切な要素ですが、実際には、天気がよく、暖かくなったときに必ず海風が吹いているわけではありません。
　過去30年のカウズウイークを例に考えてみると、海水温は冷たく（17度）、空気は暖かく（20度以上）、条件がそろっているにもかかわらず、無風のためレースができないことが多々ありました。なぜでしょうか？
　また、夏の地中海はどうでしょうか？　海風が吹いているときもあれば、吹かないときもあるはずです。
　1972年のオリンピックに向けて、イギリスチームの準備でキール（ドイツ）にいたときも、15ノットの海風が吹いた次の日に、より暖かい日であったにもかかわらず、風が3ノットだったことがありました。何が海風をコントロールするかを、このときには理解できていませんでした。私は、気温が高くなるから海風はより強く吹くと予想し、練習ができると考えていたのです。実際には、どんな場所でも、海風の鍵を握っているのは気圧傾度風だったのです。

傾度風の向き

　海風が吹き始めるためには、大きな温度差が必要なわけではなく（1度か2度の差があれば十分）、傾度風が陸から海へ向かって吹いているかどうかと

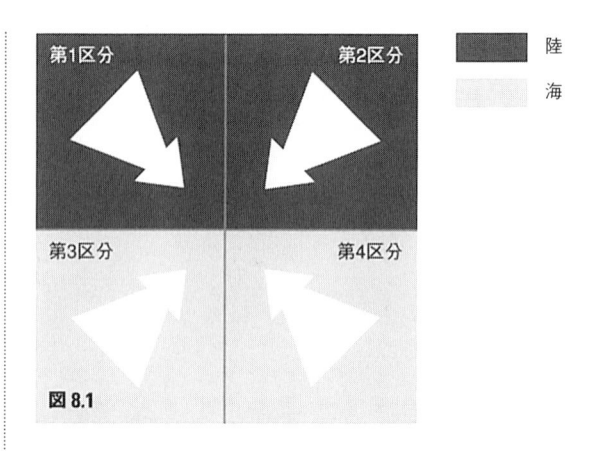

図8.1

いう点が重要です。陸から海へと吹く傾度風は、風速が高くなければ海風の上空の反流を助けますので（25ノットが上限でしょうか）、地表付近では上空とは反対向きでも、海風が問題なく吹き始めます。
　もしも傾度風が海から陸へ向かって吹いていたとしたら、その風向は上空の反流を止める方向に吹くことになり、地表で吹いている風は、対流によって発生した海風ではなく、最初から吹いている傾度風ということになります。海から陸へ吹く傾度風と海風については、第9章で説明します。海からの傾度風は海風と間違えやすいのですが、その性質はまったく異なり、この傾度風を海風と同じように考えてしまうと、レースで勝つことはできません。
　傾度風が陸から吹いている場合でも、陸に対して右から左、左から右と、その向きによっても海風の発達の仕方が違ってきます。左から右へ吹くエリアでは帯状に陸でも海でも発散する場所がありますが、これは下降流を手助けします（図3.8）。下降流が強まると、海上で海風のもとになる空気が供給され、海風が加速します。反対に、傾度風が右から左へ吹いている場合は風が収束して、沖での下降流が強まりません。これらのポイント（傾度風が陸からか海からか、帯状に収束するか発散するか）が、海風が加速するシンプルなモデルを形成する要素となります。

海風のモデル

海風の性質や発達を予想するために、北半球ならどこでも同じに考えて、海岸線に平行に線を引いてみましょう。それをさらに縦割りにして4分割し、1から4の番号をつけ（図8.1）、傾度風を4方向から図に入れます。この章では区分けした1と2の区分ついて細かく見ていきます。傾度風が3と4の区分から吹いている場合については、海風が発達する要素を妨げるので、第9章で説明します。

［第1区分］この方向からの傾度風は最も海風を発達させます。

南向きの海岸では北西から、東向きの海岸では南西から、というように見ます。この区分からの傾度風が吹くときは、海風が20～25ノットまで上がることもあります。陸からの風が昼近くになっても落ちないとき、多くのセーラーがその後は海風が吹いても弱いと考えるかもしれませんが、逆に海風が入り始めたら強くなる可能性が高いのです。

たいていの場合、レースは朝早い時間に陸風の中で始まります。午前中に徐々に陸が温まり、陸に近いところから、朝吹いていた陸風がなくなっていきます。その後、昼頃に海風が入り始めます。海からの風の流れは地表に近い部分の薄い層で最初のうちは発生します。したがって、海岸付近の煙突の煙を見ても、陸から流れていたり、まっすぐ上に向かっていたりするでしょう。変化が始まってから2～3時間で海風は着実に発達し、内陸側、沖側へと対流の範囲を広げていきます。風向は最初に大きく右方向へ変化（ヴィア）し、後はゆっくり海岸線との角度が20度くらいに落ち着くまで徐々に右方向へ変化していきます（図8.2）。新しい風に変化する場所には100～300メートル程度の無風ゾーンがありますが、最初に岸寄りにあったものが沖へ向かって移動していきます。沖の無風ゾーンに近い場所は風が弱く、岸に近い場所がもっとも強くなります。

ベースになる傾度風が海岸線と平行に近い風向の場合（沖も傾度風が陸に平行に吹いています）は、この傾度風に海風要素が加わると、無風状態を作ることなく、陸に近い場所で左方向へ変化（バック）します（図8.3）。風は徐々に沖へ向かって左方向へ変化し始め、加速しだすと右方向へ変化（ヴィア）しながら、最終的には海岸線と20度の角度くらいまで変化して落ち着きます。

［第2区分］次は南向きの海岸で北東から、北向きの海岸で南西からの傾度風が吹く場合を考えましょう。陸からの風は確かに海風の発達を手助けしますが、風向が海岸線に平行に近づくと、岸に近い場所で収束が起こり（図3.6）、空気が上昇するので、下降流が強まりません。海風は上空からの下降流が必要ですから、下降流が妨げられると循環がで

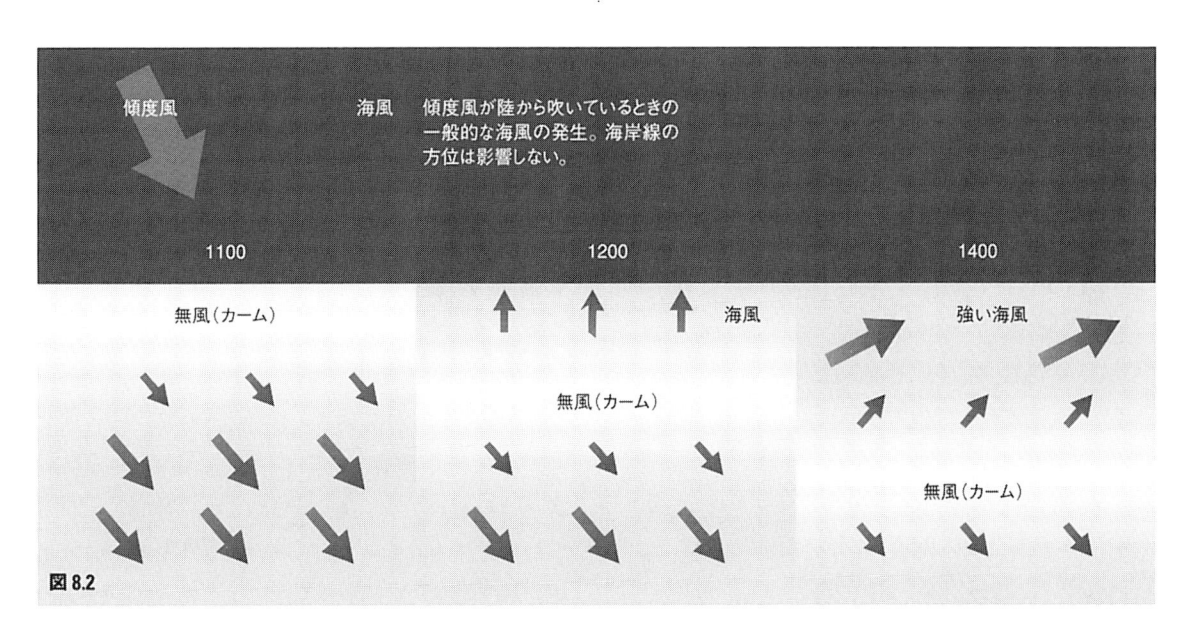

傾度風　　　海風　　傾度風が陸から吹いているときの一般的な海風の発生。海岸線の方位は影響しない。

1100　　　1200　　　1400

無風（カーム）　　　　　　海風　　　強い海風

　　　　　　無風（カーム）

　　　　　　　　　　　　　　　　　　無風（カーム）

図8.2

図8.3

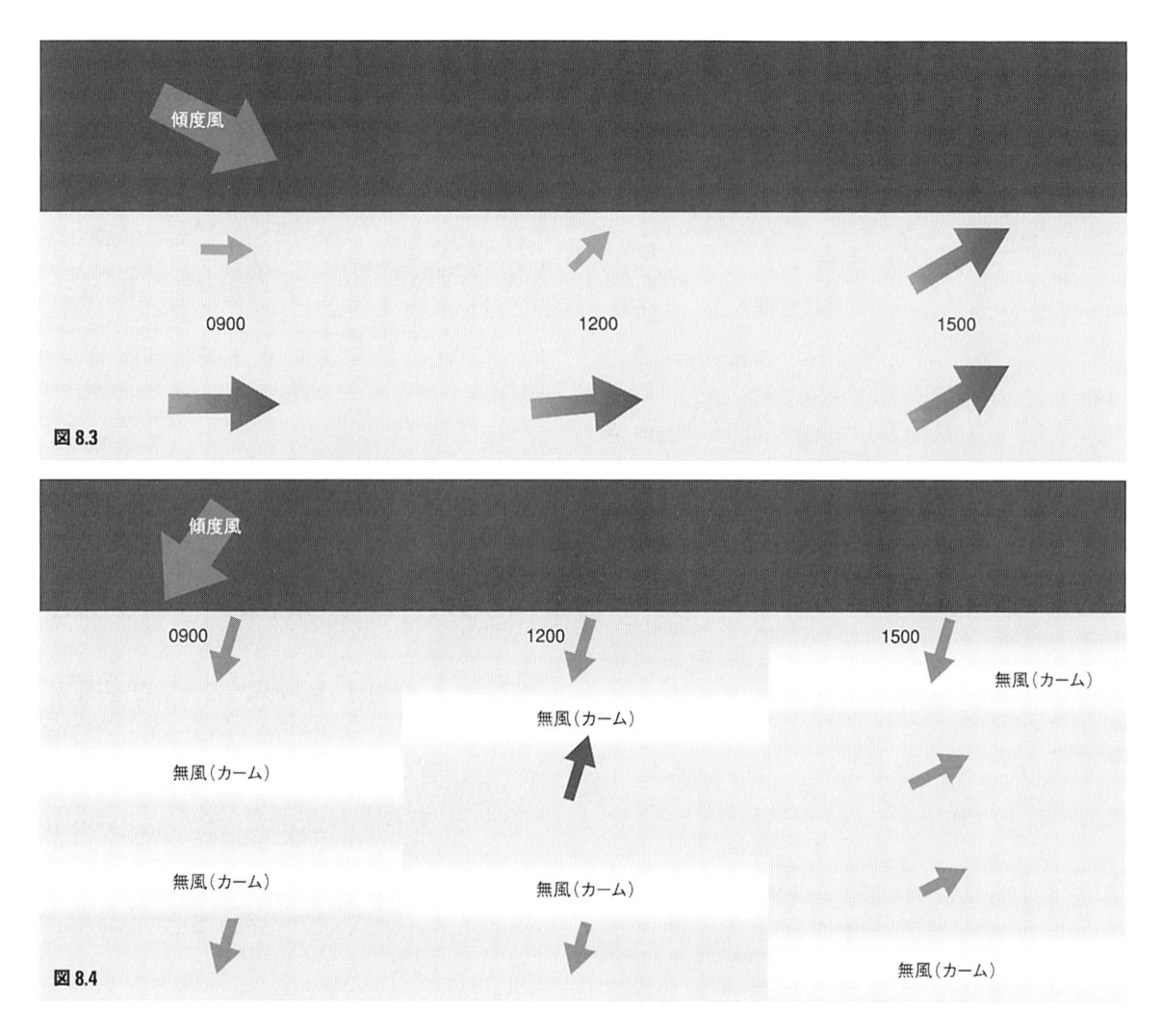

0900　1200　1500

図8.4

0900　1200　1500

無風（カーム）　無風（カーム）　無風（カーム）

無風（カーム）　無風（カーム）　無風（カーム）

きません。しかしながら、実際には、海風はこの問題を興味深い方法で解決しています。収束エリアは最初に岸から沖方向へ移動していき、海風が吹き始めるのといっしょに岸方向へ戻ってきます（図8.4）。岸に近ければ近いほど、傾度風が吹いていますが、収束エリアの沖側では海風が吹いています。こういうときには、ボートが同じ方向に走っているのに受ける風が反対向きという状況になります。

　風が収束してぶつかるエリアは0.5～1kmくらいの幅で、無風か、風向の定まらない弱い風が吹いています。このときに大気が不安定なときは、収束ゾーンに積雲ができ、短時間の降水をもたらすこともあり、不規則な変化が起こります。内陸で何が起ころうとも、海風は沖へ吹くエリアを広げており、2つの無風ゾーンの間で吹いています。

海風と無風ゾーン

　海風を理解する上で大切なポイントは、陸からの傾度風と、海風が始まるときに一時的に無風か弱くて風向が定まらない状態になることです。図8.5と図8.6は海風への変化を断面図で見ています。傾度風が第1区分のとき（図8.5）では無風ゾーンは1カ所だけで、沖へ向かって5～10ノットのスピードで移動していきます。

　傾度風が第2区分で吹いているときは、岸から少し離れた場所で海風が発生するので、無風ゾーンは2カ所できます（図8.6）。沖側の無風ゾーンは第1区分のときと同様に沖へ向かって移動しますが、速度は第1区分ほど速くありません。岸寄りの無風ゾーンはゆっくりと岸に向かって移動します。傾度風が海岸線と40度超の角度をなすとき（図8.7の第

図8.5

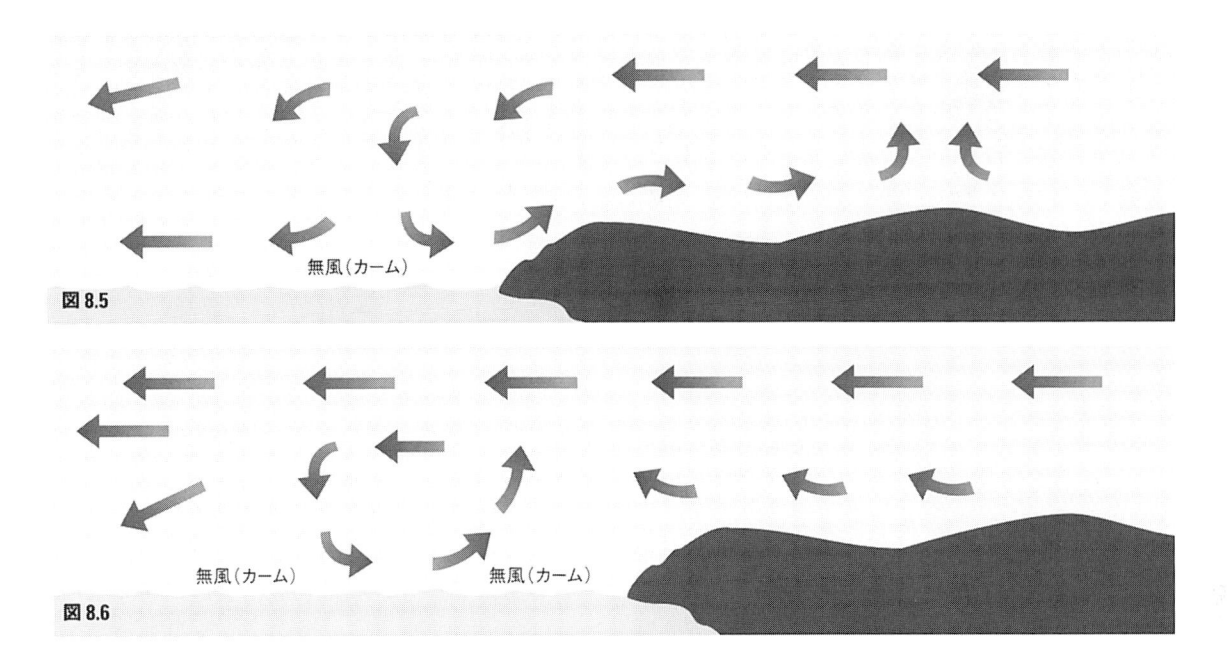

図8.6

2区分Aの範囲)、海風は岸からさらに内陸へと吹き込んでいきます。傾度風が海岸線に対して40度以下の角度をなしている場合(図8.7の第2区分Bの範囲)、海風はやや沖で吹いていることが多いのです。吹く場所については、陸地の形、河口の広がり方、湾の形など、地形と関連してきます。

風の強さと風向とシグナル

第1区分と第2区分について説明した海風の発達は、第7章で説明した「傾度風がなく、シンプルな場合」と同じです。

[強さ] 風ははじめのうち、それほど強くなく、徐々に風速が上がり、特に陸に近いエリアで強くなります。午後に最大風速となった後は徐々に弱くなります。最大風速は大気の安定度に左右されます。第1区分の傾度風では寒気の流入があると25ノットくらいまで上がる可能性があります。高気圧圏内で海風の循環が小規模に抑えられてしまう場合は、霞がかかり、風は最大でも10〜15ノット程度までしか上がらないでしょう。

[風向] 海風は最初の1時間くらいで大きく右方向へ変化(ヴィア)し、その後は最終的に海岸線と20度をなす角度で安定するまで3時間くらいかけて

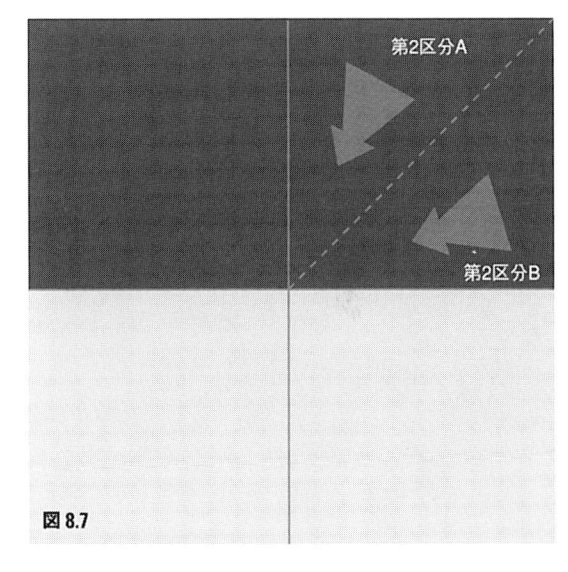

図8.7

徐々に変化していきます。緯度の低い地域では海岸線とのなす角度が30〜40度で、変化もゆるやかになります。

[シグナル] 海風の発生には、下層雲にみられるシグナルが2つあります。層雲や層積雲が第1区分の傾度風とともに陸上から沖へ向かって出てくるときに徐々に消え始めると、下降流が作られ、海風が始まります。同じ頃か、また多少遅れて、陸上に積雲ができたところが、海風が陸上に流れ込んだ先頭部分になります。ただし、雲が現れなくても海風が発生することがあります。空気が乾燥している

から対流があっても雲ができないだけです。

戦術として

海風が入ってからか、入り始めてからすぐに設定したオリンピックタイプのレースコースでは、ほとんどの場合、右海面（岸に近いサイド）が有利で、岸に近い場所で風速が上がっています。ただし、2つ例外があります。

まず、第2区分の傾度風の場合、海岸線よりもやや沖から海風が始まるため、岸まで海風が届いていないことがあります。もちろん、海風が届いている範囲ならば、岸に近いほうで風速が上がっています。

2つめの例外は、低い高度でふたをされた場合で、海風に必要な対流があまり発達しません。高気圧圏内で海風の循環が小規模に抑えられてしまう場合で、霞の層の上端が300メートル程度の上空に見えるときは、岸側で風速が上がりますが、岸に近い場所で強いということはありません。

海風が入り始めるときには、最初に大きく右方向へ変化（ヴィア）して、風向が海岸線となす角度が20度くらいになるまで徐々に変化していきます。

海風か傾度風かの瀬戸際

傾度風が20ノット以上のとき、私の経験から、陸からの傾度風は25ノットが海風発生の上限と考えます。20～25ノットは海風が発生するかしないかのぎりぎりの線で、条件が整ったら発生します。それは傾度風が第1区分から吹いており、海岸が平坦な場合です。条件が整わなければ、海風は発生しようとしますが、元の風に戻ったり、また海風になったり、安定しないうちに傾度風に戻ります。こういうときには、レースエリアの中で海風が吹いている場所と傾度風が吹いている場所と、ばらばらになる可能性があります。1989年のアドミラルズカップでは、クライストチャーチ湾でこのようなケースがありました。

傾度風が海岸線とほとんど平行な場合については、第9章で説明します。

かもめノート

海風を考える前に、「今日のベースになる風は何か」を考えましょう。ベースになるのは傾度風で、それに海風要素（陸の温度変化でできる小規模な循環）が加わって海風が吹くのです。熱対流だけを考えたら、陸が暑ければ暑いほど海風が強くなりそうですが、著者のホートンが30年前にキールで経験した、考えたことがあてはまらない日というのが、日本でも現実にあります。毎日吹いている海風が同じなのか、みなさんの地元でチェックしてみてください。

高気圧に覆われていればシンプルな海風かもしれませんが、気圧配置に変化があれば、海風にも変化が出てくるはずです。季節に関係なく海風要素はありますので、それらが傾度風とどうつながっているかを、海岸線の向きと傾度風の方向とを併せて考えましょう。

北半球でのシンプルな海風では、右海面で勝負というセオリーは有名ですが、江の島（本州南岸）では霞がかかったときには海風が南へ振り切らずに東からのブローが強くなるときがあります。この日の傾度風はどの方向になるのでしょうか。そうやって考えていけば、右で勝負か、左で勝負か、勘だけでなく、安心して選択できるのではありませんか。傾度風の向きについては、第2章を復習して、テレビやインターネットで天気図を見てください。

第9章　午後の風──海からの傾度風

　海から傾度風が吹いているときは、陸の温度上昇によって発生する海風とは異なるため、同じ海から吹いてくる風であっても、「海からの傾度風」と第7～8章で学んだ「シンプルな海風」との2つに区別して考えなくては、レースで勝つための作戦を立てられません。

　ここでも傾度風の区分モデルを使って説明しましょう。第1区分、第2区分から傾度風が吹いている場合については、前章で説明しました。次は第3、第4区分で、海から傾度風が吹くときの説明です（図9.1）。これは正反対な作用があるため、シンプルな海風のことは忘れて考えましょう（全部ではなく、ほとんど忘れて考えてください）。海からの傾度風は独自の特色を持っており、第3区分、第4区分から吹くのを区別しなければなりません。第3区分で風向が海岸線に対して20～30度の角度で吹くときには、風が発散して弱まり、そのエリアが海岸から数kmにできます。一方、第4区分では収束して風が強まり、そのエリアが海岸から2～5kmにできます。

第3区分

　南向きの海岸では、第3区分は南西から吹く風になります。北向きの海岸では北東から吹く風になるという具合です。この区分の傾度風が吹くときは、海側よりも陸側の気圧が相対的に低くなっています。そして、日中に陸の温度が上昇することで、陸上の気圧が下がりますから、低い気圧がさらに低くなります。しかし、海上の気温は陸ほどの変化がありませんから、気圧の変化は小さく、陸の気圧だけがどんどん下がるため、気圧傾度が大きくなり、傾度風は加速します（強まる）。

　どのくらい気圧が下がるかというと、午前中の気圧に比べて、温度上昇があった午後の気圧は2～5hPa変化するでしょう。このとき、温度上昇が大きければ、気圧はより下がります。これを天気図で表すと、等圧線が岸の部分で海岸線と平行になる変化が起こります（図9.2）。その中から、風だけを取り出して考えてみると、傾度風は岸に近い場所で岸と平行に吹く要素が加わり、地表の風は海岸線よりも15度程度、左方向へ変化した風向になります。温度の変化で気圧が変化することを、私（筆者）は加熱要素とよんでいます。

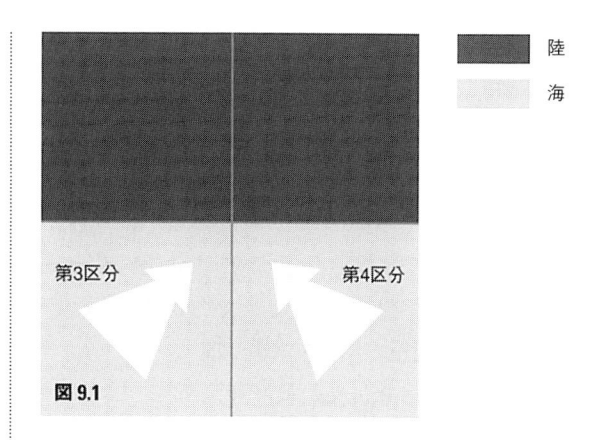

図9.1

1日の風向・風速の変化

　海からの風が陸の温度上昇で変化するときは、傾度風の風向・風速と加熱要素に左右されます。矢印で表すならば、加熱要素が加わった傾度風はいつも海岸線と平行で、陸の温度上昇にしたがって1～6ノットで吹きます。朝吹いている傾度風も陸に平行に吹いていたとするなら、海岸から1～2kmの範囲では、温度上昇にしたがって風速が最大で6ノット加速すると考えます。第3区分の傾度風が加熱要素で変化することは、天気図に4hPaごとの等圧線を書き直してみて（図9.2の破線部分）、等圧線の変化から新しい傾度風を考えます。時間が経ち、日没になると陸の温度が下がり、加熱要素がマイナスになるため、1日の間に天気図の上で気圧配置が大きく変化していなかったとしたら、傾度風は元から吹いていた風向・風速に戻ります。覚えておいてほしいのは、海岸付近で風が発散し、弱ま

るゾーンが発生すること(図3.8)と同じ程度の規模で加熱要素の変化が起こるということです。これにより、本当なら午後になると風が弱まるはずのゾーンで風が吹くことになります。岸に近い場所では僅かな風のベンドが存在することも忘れないでください。

シンプルな海風との違い

温度上昇で加速した風と海風との違いは:
・朝吹いている風が凪となるパターンがない。最初から弱い海からの風が吹いており、ヴィア(右回りの変化)して加速する(強まる)。
・温度上昇が風速を最大にするのは、朝の風向が加熱要素の風向と同じ向きであること。朝の風向が海岸に直角に吹いていたら、風向は少し右方向へ変化し、風速は少ししか上がらない。
・朝、陸に対して直角近くの方向から弱い風が吹いていなければ、風向の変化は小さい。もし朝の風が強ければ、午後の風向は海風の吹き始めの風向に近いものになる。
・風速の変化は海岸の割合広い範囲で一様である。

第4区分

第4区分での傾度風は、南向きの海岸では南東から、北向きの海岸では北西からという具合になります。この区分の傾度風が吹くときは、海側よりも陸側の気圧が相対的に高くなっています。(図9.3)。陸の温度上昇で気圧が下がると気圧傾度が小さくなり、傾度風は弱まります。陸での気圧は第3区分のときと同じように下がりますが、多くの場合2〜6hPa程度です。温度上昇が大きければ、気圧はより下がります。

風向・風速の変化

第3区分で説明したように、海からの傾度風が陸の温度上昇で変化するときは、傾度風の風向・風速と加熱要素に左右されます。この変化は、天気図に陸上の気圧を4hPa下げた等圧線を描き直してみて考えます(図9.3の破線部分)。ほとんどの場合、傾度風は弱まり、まったくなくなる場合もあります。傾度風がなくなる場合は第7章で学んだパターンになりますから、傾度風の影響を受けないシンプルな海風になると考えます。

よい例は夏のコートダジュール(南フランスの地中海沿岸地方)です。朝の風は東か東南東から6〜9ノット吹いていることが多く、午後には風は2〜4ノットに落ち、ビーチはすごく暑くなります。朝の風が4〜5ノットのときは昼すぎに風が落ちてカーム(凪)になり、その後は海から強い南西の海風が入ってきます。遅いときは17時くらいから入ることもあります。

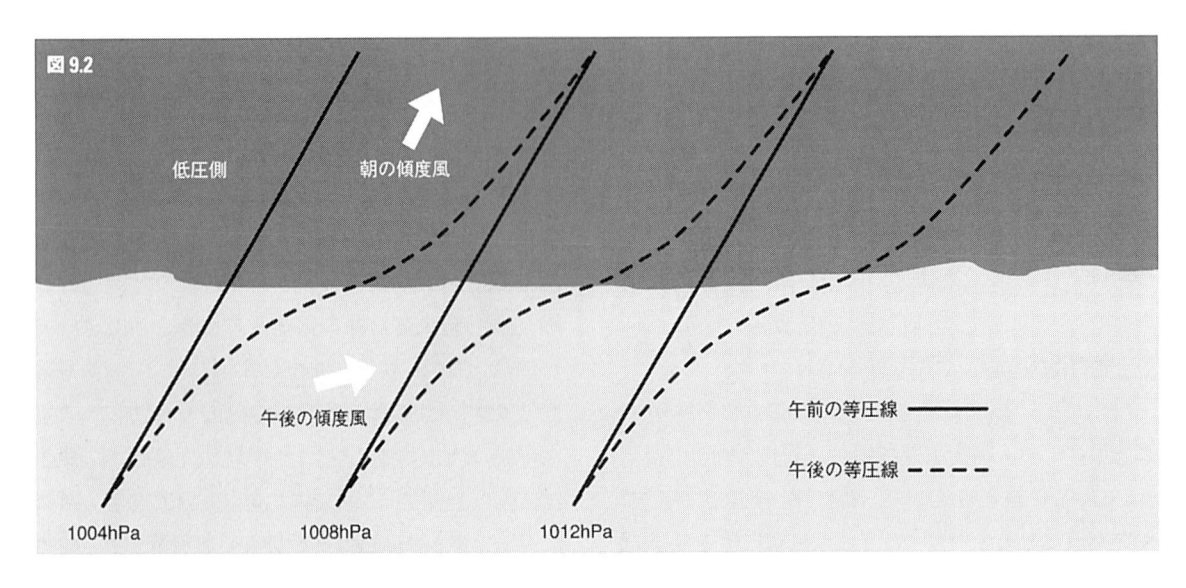

図9.2

低圧側　朝の傾度風

午後の傾度風

午前の等圧線 ———
午後の等圧線 - - - -

1004hPa　1008hPa　1012hPa

戦術として

晴れた日の午後に第3区分、第4区分から吹く風は、強く吹く時間や場所がはっきりしません。実際、海岸から5kmの範囲では風に特徴がなく、目につく構造の変化もなく、4〜5ノット以下に落ちたときに弱い乱流があるくらいでしょうか。風が落ちたときは沖側のコースをとり、新しく入る海風を一番にとることが必要です。

曇っていて風が強いときは陸の温度上昇も少ないため、図3.6、図3.8にあるような風が強いエリア、弱いエリアがどこにできるかを考えます。

風向については、第3区分ならば、徐々に海岸線との角度が15度程度になるまで変化し、特に海岸に近い場所にわずかなベンドがあることを考えます。徐々に変化することを注意してください(海風のときのように急激に変化するわけではありません)。また、風の回りかたは午後遅くまで続くか、または海岸線との角度が15度程度になるまで止まらないでしょう。第4区分では風は右方向にシフトし、弱まります。岸近くにベンドはありません。

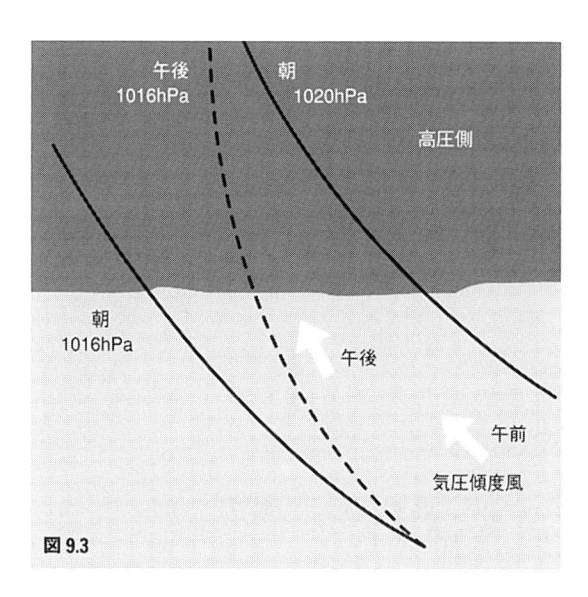

図9.3
午後 1016hPa / 朝 1020hPa / 高圧側 / 朝 1016hPa / 午後 / 午前 気圧傾度風

区分の境目では

傾度風が海岸に平行に近く吹く場合

理論上、第1と第3区分、第2と第4区分の境目部分でどうなるかを考えておく必要があります。実際には、第1と第3の境目がという状況は頻繁に起こります。ここで答えを出しておかなければならないことは:

・海風をサポートする陸からの風の要素があるか?
・朝、陸からの風の要素があった場合、それが午後まで続くのか?

海からの風と陸からの風のバランスは微妙な気圧配置の変化で簡単に崩れます。陸の温度が上昇して気圧傾度に変化が起こるのを、晴れているかいないかを基準に、自分で見て予測することができます。

もし、傾度風が10ノットくらいで暑い日だとすれば、朝、第1区分から吹いている風は第3区分に変化するかもしれません。このケースでは、最初は岸に沿って傾度風が吹いており、岸に近い場所で弱まっています。その後、傾度風は海岸線との角度が15度になるまで変化することが予測できます。風は5〜6ノット加速しますが、これは海風要素ではなく、傾度風が加速するのです。したがって、岸に近い部分で風が強いとか弱いという特徴はありません。

傾度風が15ノット以上ならば、陸の温度上昇で風向が第1区分から変化するとは考えにくく、図8.3を予測すればよいでしょう。

綱引き状態

朝の風が第1区分から3〜4ノットで吹いていると、1時間程度でシンプルな海風が発生しはじめ、温度上昇で気圧傾度に変化が起こると、この海風は陸に対して15度の角度をもち、12ノット強の風になることがあります。海岸に近い場所でのベンドはシンプルな海風発生のバランスを崩し、2つのタイプの風が綱引き状態になります。

この状況は海岸線が245度から210度方向へ変化するバルセロナ(スペイン)で見られ(図3.9)、風がどちらつかずになることもしばしばあります。朝吹いている弱い傾度風が1日の間にどう変化するかを

正確に予測することは不可能だと思いますが、次の海上で観察するシグナルを参考にしてください。

・低い積雲または層積雲が沖に向かって動き、消えていくのは、沖に向かって傾度風が吹いていることを示します。この場合はしっかりした海風が吹くことが考えられ、岸付近では20ノットまであがる可能性があります。沖のほうが風は弱く、風向は最終的に海岸線との角度が20度くらいになるまで変化します。

・低い雲が午前中に同じ場所にあるとき、または海風への変化が始まったものの、ためらいがちで30分くらいの間に変化できなかった場合、どちらの場合も陸の温度上昇での気圧傾度の変化が考えられ、午後の風が海岸線との角度が15度くらいの、風速10〜12ノットで、岸に近い場所で小さなベンドがあります。ほかに特色はありません。

かもめノート

　海からの風にはいくつかのパターンがあります。例えば180度から吹いてくる海からの風のとき、それが傾度風なのか、陸の温度上昇による対流でできた海風なのかを区別して考えることができれば、シフトの仕方や風が周辺よりも強く吹いているエリアを探すヒントになります。

　陸からの風は地形に影響されますから、何度の風はどう振れるのかとパターン分けしやすいのですが、海からの風を同じようにパターン分けするには、傾度風の風向だけでなく、そのときの陸の温度の上がりかたや、気圧配置の変化など、さまざまな要素を組み合わせて考えていかなければなりません。当日のベースになる風の向き（傾度風）が何の影響を受けて、どう変化するのかと、筋道を立てて考えてみてください。

　そして、変化の兆しを表すシグナル（相模湾では三浦半島の上にできる雲列とか）が見えないか、セーリング中に自分の目で確認してください。そういう習慣をつければ、2シーズンくらい経ったときに、海風要素とか、加熱要素のことを、「ああ、これか」と納得することができると思います。大阪湾も埋め立てが進み、10年前とは風の吹きかたが変わっています。陸の温度上昇が影響するので、国土の変化についていくしかありません。

　また、谷に吹く風で、日本なら各地に「おろし」がありますから、これも地元の山を海から眺めながら、寒気の流入を考えてみましょう。

第10章　湖、山、谷、半島

　第7～9章で説明してきた「水面と陸面とを比べた温度変化の違い」を原則に考えていけば、どこの海岸でも、内陸の湖がどんな大きさであったとしても、世界各地で応用して考えることができます。海岸付近の風をカテゴリー別に分けようとする分析家たちの中には、海風を分類して違いをつけたり、大会開催地などを「特別な風が吹く」と解説したりして、場所ごとに違うことを強調している人もいます。しかし、私の経験から、海風のメカニズムというのは世界中どこでも同じであり、決め手になる要素は気圧傾度風の強さと風向、岸に対しての向きです。コンパス方位で360度のバリエーションがある風ですから、それだけ多くの組み合わせができるわけですが、どの場合でも、その風を理解することは可能です。

　第7章では、湖で発生する海風や、湾、島などの海風要素を傾度風がない状態で考えました。次は、同じことを傾度風の影響を加えて考えましょう。

湖

　第7章で、多くの湖は海風を周囲すべての方向に発達させるだけの大きさがないことを知りましたが、湖に傾度風が一方向から吹いているとすれば、沖に向かって風が吹いている場所に湖の海風を吹かせるチャンスがでてきます。風が吹いてくる左側では発散による空気の沈降流ができるので、海風の発生を助けます。

　直径が10kmない小さな湖では周囲の陸が暖められると弱い湖風が風上の岸で発生しますが、水の面積が十分でないため、湖風の発達は断続的になります。湖が大きくなればなるほど、傾度風と陸地の角度に影響を受けた、岸ごとに異なる風を見つけることができるでしょう（図10.1）。

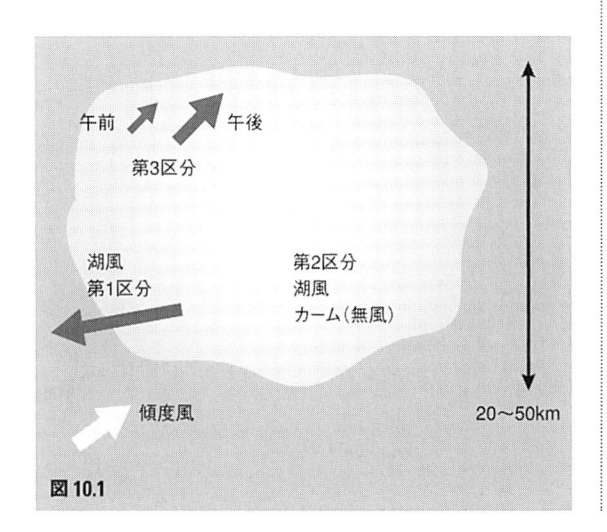

山、谷、急斜面に囲まれた湖

　山岳地域では、次の4つの特徴があります。

● 傾度風が吹き始めた場所から谷に沿ってベンドします（図10.2）。

● 山頂を越えてくる傾度風は、図10.5のような乱流を谷に残します。

● 寒気の流入があると等圧線に沿って高い所から低い谷へと丘を降りていきます。夜に起こることが多く、斜面滑降流と呼ばれています。この風が海まで届くと「陸風」と呼ばれます。これは第11章で説明します。

● 地域によっては、寒冷前線の通過に伴って寒気が入ってくると、山にさえぎられて冷たい空気がたまり、どこかの谷を抜けて海まで流れていこうとします。地中海によい例があります。ミストラルは寒冷前線がアルプスに達したときに起こる有名な風です。前線北側の冷たく密度の濃い空気は、アルプスにさえぎられたところから、ローヌ渓谷を流

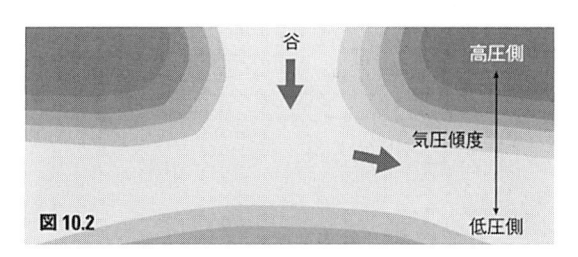

図10.1

図10.2

れ降りて地中海まで達します。

山に両サイドを囲まれた湖

両岸を山に挟まれた湖では、風の流れに特徴があります。特徴を決める要素はすでに学んできたことですから、次の例を参考にして、ほかの湖にも応用してみましょう。

● 傾度風が弱いか、まったくなく、天気は晴れまたは快晴の場合……

太陽が照りつける斜面は暖まり、そちらに向かって湖風が発生します。暖められた空気が上昇し、湖上に小さな循環が始まります（図10.3）。最も風が強いのは日の当たる斜面側ですが、時間がたてば日の当たる場所は移動していくため、それにしたがって湖風の強さや風向も変化します。

● 谷に沿って傾度風が吹く場合……

地表の風はおおよそ傾度風の向きで吹きますが、強さは大気の安定度や谷が開けているか、とざされているかで影響を受けます（図10.4）。もしも、谷筋がはっきりしていたならば、山からの風はそこに集まり、強まって、大気が安定していたらば風は山を越えてきます。

● 谷にある湖で傾度風が谷を横切って吹いている場合……

風の流れは2つに分かれがちで（図10.5）、斜面が急であればあるほど、分散しやすくなります。谷の斜面に近い場所では傾度風に対して乱流ができます。斜面が大きければ大きいほど、乱流の規模が大きくなります（図10.5で、AはBよりも大規模）。

半島では

コーンウォール（イギリス南西端）のような小さな半島を例にとってみましょう。傾度風なしで考え

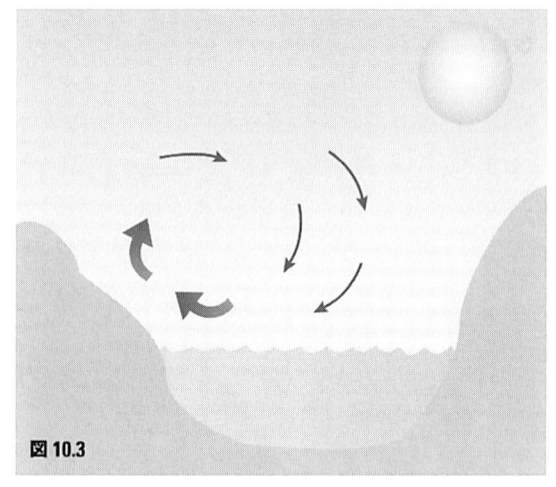

図10.3

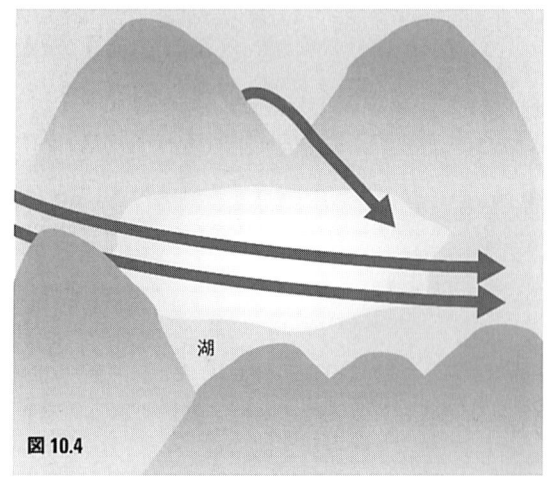

図10.4

図10.5

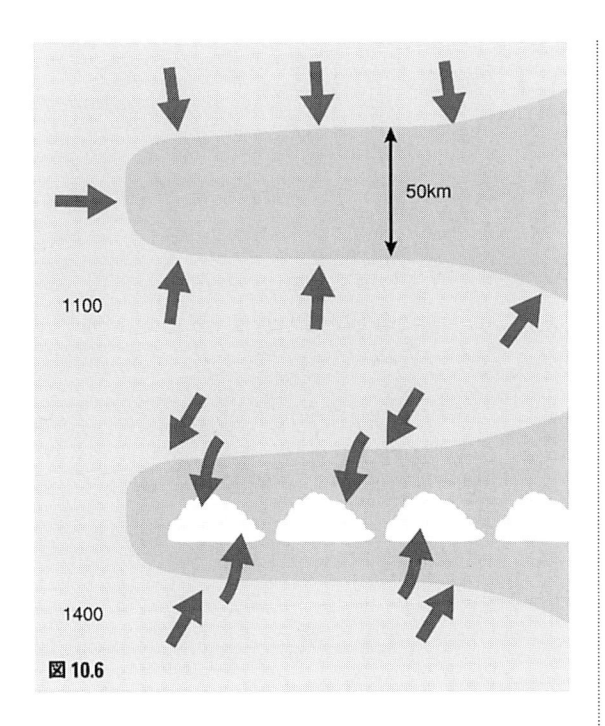

図10.6

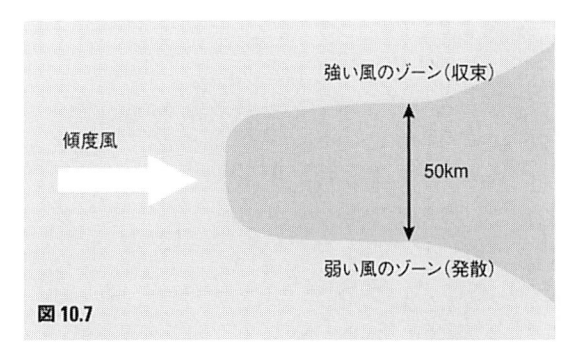

図10.7

図10.8

図10.9

てみると、晴れた日に海風が岸に向かって周辺から吹き込みますが（図10.6）、半島の両側から海風が発達し、半島の上で風がぶつかるところに積雲の列ができます。ぶつかってしまうと、風がなくなります。10分か20分経つと、また陸の温度が上昇するので、再度海風が発達し、これを繰り返します。半島の両側から海風が発達していく場合、半島が100km以上ないと中心でぶつかるようになります。

図10.7は、傾度風が海から半島に沿って吹いているときです。半島の両側で、風の強いところと弱いところが帯状にできます。岸の1カ所で温度上昇があり、そこに風が吹く場合は風向の変化はほとんどありません。半島の向きと平行に風が吹き始めると、5度くらいの風向の変化で海風が吸い込まれていくポイントに向かいます。このようなシフトは予報の範囲外です。セーラー自身が、海上で風の変化の傾向を観察し、自分で解釈しなければなりません。

図10.8は、第1区分からの傾度風で半島の風下側で発散する海風の例です。はっきりとした循環ができるためには、半島の幅が70km以上は必要です。海風は時速10〜20kmで内陸のほうへ向かって入っていきます。半島の幅が分かっているなら、両側から入った風が何分後にぶつかり、風がなくなるかを計算から予測することができます。

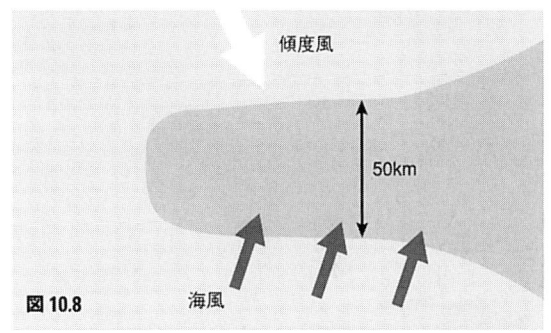

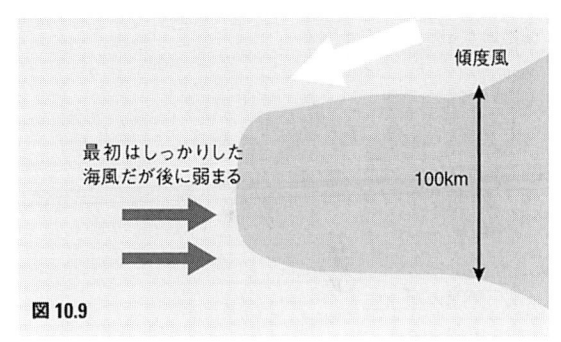

4つめの半島の例（図10.9）は興味深いものです。海風はB地点から始まり、第1区分から傾度風が吹く状態ですが、海風が発達して、半島に沿ってベンドすると、半島の南側で風が強くなり、そしてB地点ではコーナーを回るベンドにより弱まり、やがて、風がなくなります。

スペイン

スペインは巨大な半島としてのよい例で、スペイン周辺の風は半年におよぶ夏の間、第3区分の状況を作ります。夏の間のほとんどの日に、図10.10のような低圧部が天気図上でスペインの中央部分にできます。そして、毎日、気温が上がると3〜

図10.10

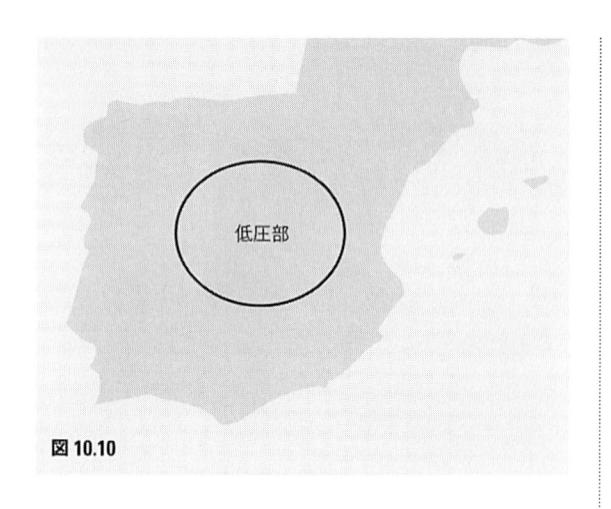

低圧部

5hPaくらい気圧が下がりますが、夜には元に戻ります。このとき、等圧線の細かいかたちは日によって異なり、夏の後半は各地で午後遅くにサンダーストームが発生し、夜まで嵐が続いて気圧の変化が起こるのです。平均すると、朝の傾度風は第3区分から岸に吹いており、地中海側では弱い南風が吹き、大西洋側では弱い北からの風が吹くという具合です。毎日午後に加熱要素のベクトルを入れてみると、海岸線と平行になります。これは朝の風に午後の風が加わり、8〜15ノットで海岸線に対して15〜20度の角度から風が吹きます。これは海風ではありませんから、海風特有の岸に近いほうが強い風が吹くということはありません。

第 11 章　日没になると

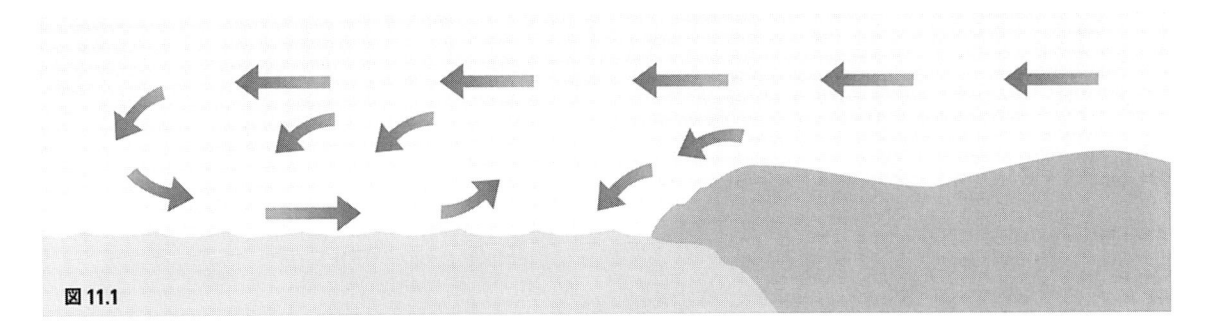

図 11.1

海岸付近では、日没になると次の3点を注意して考えます。
- 海風の衰え
- 陸の温度が下がり気圧傾度風が変化する
- 陸風の始まり

海風の衰え

傾度風が第1区分、第2区分（陸側）から吹いているときに発生する海風（図8.1）は、太陽が沈み陸の温度が下がり始めると思いのほか早く弱まります。凪の時間が少しあった後、陸からの傾度風が再び表れ、岸に近い場所から陸風が吹き始めます（1kmくらいからでしょうか）。そして、徐々に沖へと広がっていきます（図11.1）。傾度風が強ければ強いほど、短時間に海風から陸風への入れ変わりが起こります。

できれば、最後に見た天気図から傾度風に変化があったかを確認しましょう。海上に出ているときに見た目で判断するならば、周辺にある低い雲の動きを目安にします。もしも、雲がなく晴れていたならば、陸が冷えていくときに風がなくなりますから（図2.7）、レースでは、陸風が吹き出すまでは、陸に近づきすぎないほうがいいでしょう。

気圧傾度風の変化

傾度風が第3区分や第4区分（海側）から吹いているときは、陸が冷え、午後に発生していた温度上昇による対流が止まり、はじめに吹いていた傾度風に戻ります。ただし、天気図上で気圧配置が変化しないとする場合です。第3区分では岸から5kmぐらいの範囲で風が弱まりますが、第4区分では岸に近い範囲で風が残ります。

陸風の始まり

陸風をビジュアルに考えるならば、丘の斜面や谷から海まで流れ込む水に置き換えてみましょう（図11.2）。

雲のない夜には陸が急激に冷えて（放射冷却）、地表付近の空気も冷たくなり、気温の逆転が起こります。この冷たい空気は密度が高く、陸の地形に沿って標高の低い側へ流れていく風になります。傾斜が急なところほど、風は強く吹きます。海に到達するときには、風は扇状に吹きだし、2～3kmくらい

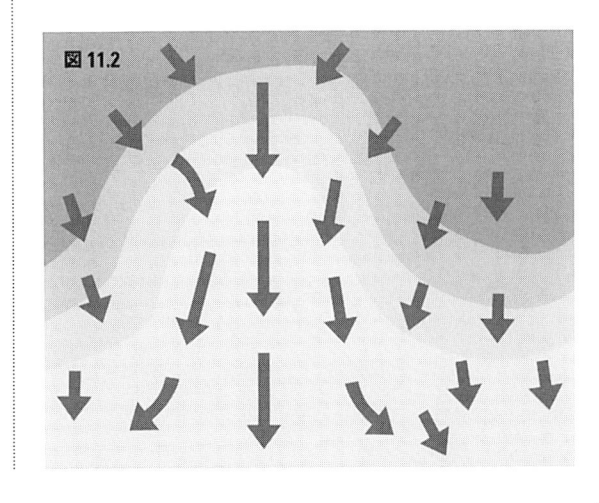

図 11.2

陸からの風　　　　　乱流

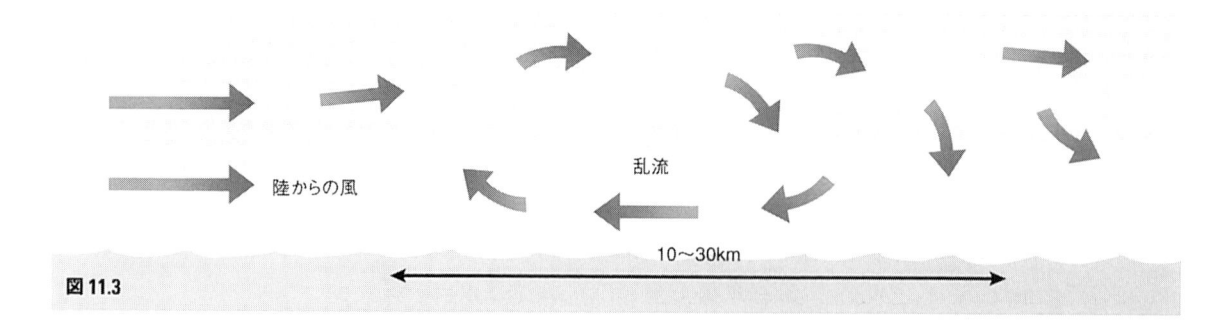

10〜30km

図11.3

沖まで広がります。そして、広がりながら温かい海水温の影響で水面の気温は上がり、やがて風は止まります。

　海岸付近が平地だと、陸風は比較的強くありません。レースで陸風を使うためには、かなり陸に近づく必要があります。山がそびえる海岸では陸風がときに30ノットにまで及ぶことがあり、沖に50kmくらい広がっている場合もあります（第13章で解説）。数時間吹いた後、風は地球の自転に影響されて（北半球の場合）右方向に変化します。

　ただし、陸からの傾度風が陸風と合わさるときは加速します。特に谷からの吹き出しは強くなり、普通、夜遅くなると内陸では陸風はなくなりますが、谷からの風は吹いたままになります。

　海からの傾度風のとき、陸風の発達は傾度風の強さと、発散や収束する場所があるかどうかに影響されます。傾度風が弱く、海岸付近で発散がある場合は、岸に近い場所（特に谷付近）でしか陸風は吹きません。6〜7m/sか、それ以上の傾度風が吹いている場合は海岸付近で収束があり、山がそびえる海岸でないと、陸風が吹きません。

外洋（オフショア）

　オフショアでは、夜になったら次のことに注意してください。

● 低い雲に覆われているときは、雲頂の温度が低くなるため、風が1〜6ノット強まることが多くあります（第2章で解説）。しかし、そのときは低い雲のさらにもう一段上に雲がかかっていて、雲頂の温度が下がるのを妨げていないかどうかを判断しなければなりません。

● もしも、巨大な積雲や積乱雲が周辺にある場合、雲頂が冷えると、にわか雨や雷雨になる可能性があります。嵐を避けるためには、雲を左側に見るようにします（14章で解説）。ただし、このアドバイスは嵐が東から西へ移動する赤道無風帯では当てはまりません。結局、こういった場所では風がないため、ストームから吹き出す風を拾うことになります。

● もしも陸風で岸から200km範囲にいたとしたら、前日の海風の対流が一時的に残っている場所に当たるかもしれません（図11.3）。一般的にこういった対流（乱流）は海岸から風速の2/3程度のスピードで、沖へ移動していきます。したがって、風速からおおまかに移動してくる時間を推測することができます。海風が17時に50km沖まで到達したというように、当てはめてみましょう。

かもめノート

　陸からの風を考えるときは、地形が鍵になります。「○○おろし」という風がある場所では、その風が吹いてくる山の名前がついているかと思いますが、実際には風が降りてくる谷筋を探してみます。自分がその山の頂上に立ち、バケツで水をこぼしたとしたら、その水がどう流れていくだろうかと想像してみてください。バケツの水が多いときと少ないときとでは流れが変わるかもしれませんし、ドラム缶の水になれば、ところかまわず流れていくことも想像できるでしょう。風も同じことです。もとになる風が強いか弱いかで、地形の影響も異なります。

　傾度風が海から吹いているときは、海からも誰かがバケツで水をまいていると考えたら、山からと海からの水がぶつかったところで風がなくなると思えませんか？

第 12 章　午後と夕方の風——南半球では

　この章では第7章から第11章にかけて説明してきた特徴が、南半球ではどうなるかを考えていきましょう。第6章では、陸と水面とでは昼の温度上昇や夜間の温度下降が同じ度合いでは起こらないことを見てきましたが、それは南半球でも同じです。北半球での説明に使ってきた図は、鏡映しで考えればよいものがほとんどです。

純粋な海風——傾度風がない場合

　図7.1で説明したように、陸で上昇した空気が上空で海の方向へ流れて、温度の低い海上で下降するという小規模な空気の循環が始まると、海風が発達します。それらの特徴とシグナルは第7章で説明したとおりですが、陸がどちらを向いているかに関係なく、風が変化する方向が北半球では右方向でしたが、南半球では左方向に置き換えます。最終的な海風の風向は、海岸線からおよそ20度くらいの角度になります。これまでに説明してきた図の考え方を整理すると、図7.1、図7.2、図7.3、図7.4と図7.6は鏡写しで考えます。ただし、図7.5は図12.1に、また図7.9は図12.2に置き換えます。

傾度風の影響を受けて吹く海風

　北半球では、海風が沖合へ向かって吹く傾度風から大きな影響を受けていました。南半球の西向きの海岸では、第1区分は東から南の間から吹く風と考え、北向きの海岸では南から西の間から吹く風と考えましょう（図12.3。図8.1の鏡写しです）。これは図12.4で示すとおり、海風が発達するためにベストな傾度風の風向です。また、図12.5は、ベースになる風が岸に沿って平行に近い向きで吹いている場合です。境目付近の風は図8.5（第8章）のとおりに考えます。

　傾度風が第2区分から吹いている場合（図12.3）

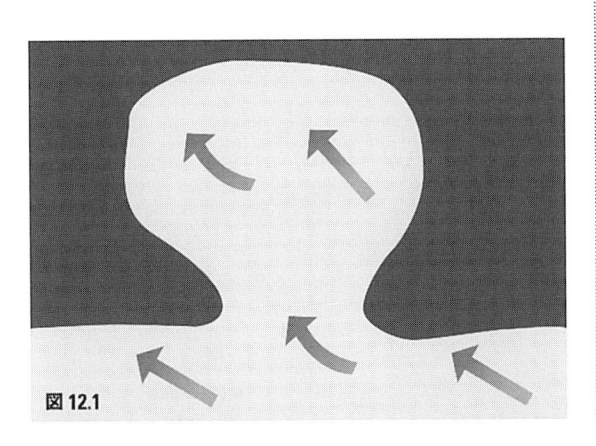

図 12.1

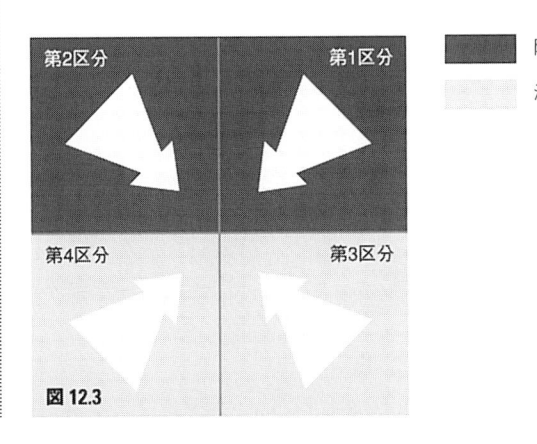

図 12.3

陸
海

第2区分　第1区分
第4区分　第3区分

図 12.2

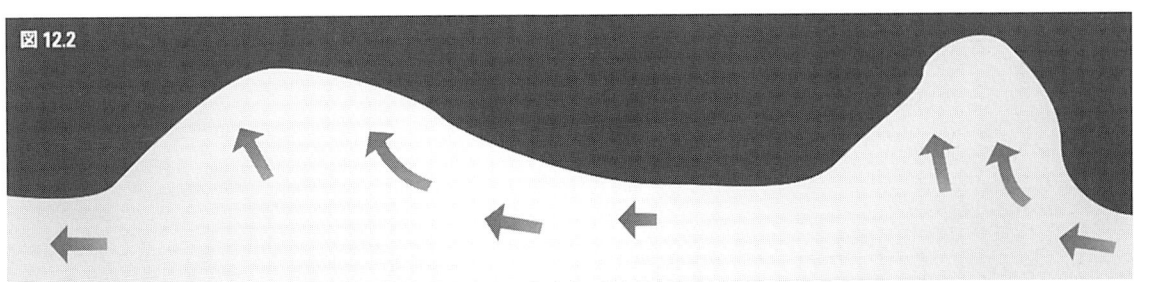

図12.4

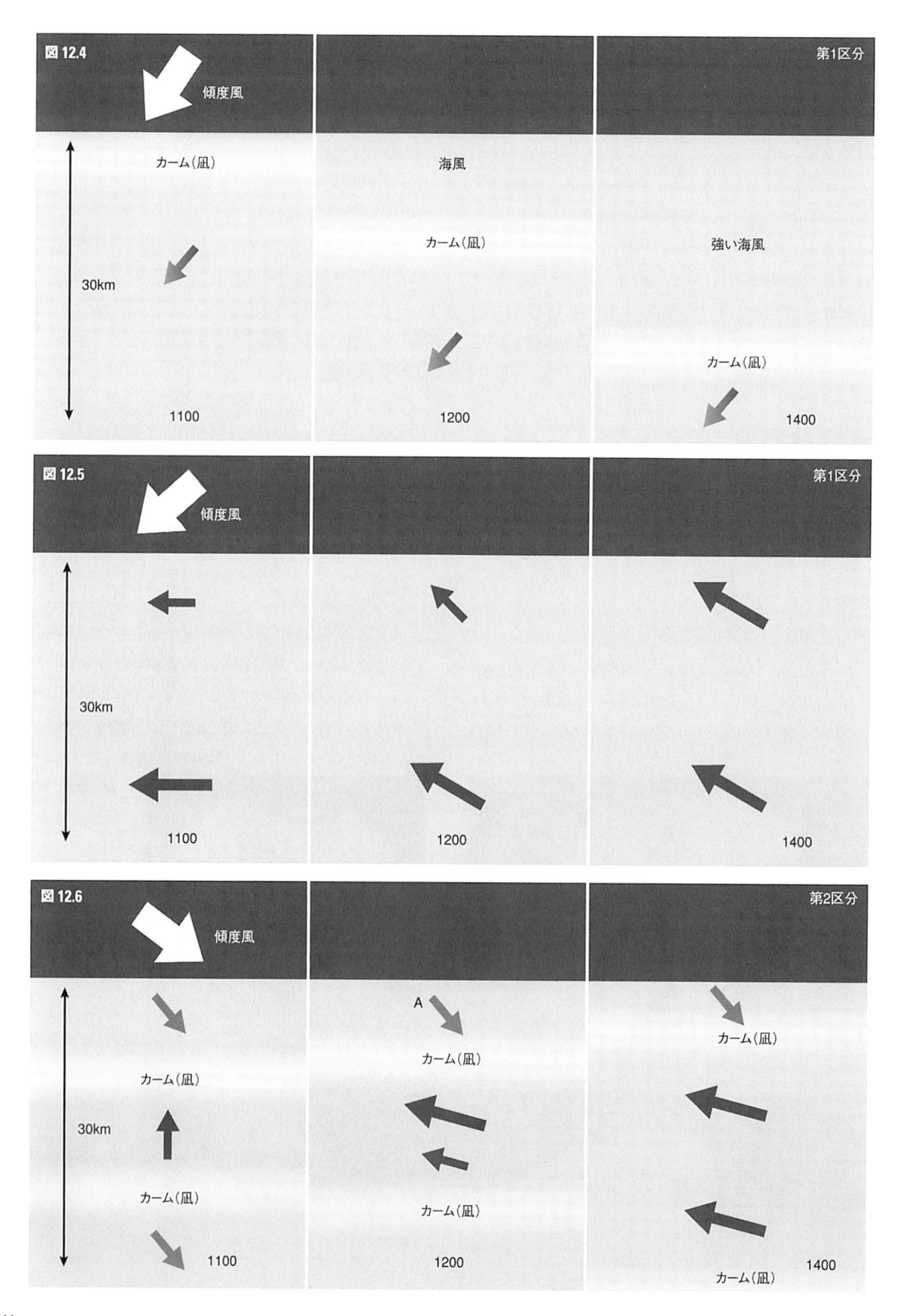

傾度風

		第1区分
カーム(凪) 30km ↓ 1100	海風 カーム(凪) 1200	強い海風 カーム(凪) 1400

図12.5

傾度風

		第1区分
30km 1100	1200	1400

図12.6

傾度風

		第2区分
カーム(凪) 30km カーム(凪) 1100	A カーム(凪) カーム(凪) 1200	カーム(凪) 1400 カーム(凪)

は、海風と陸風が海岸付近で収束しがちで、海風は陸から少し離れた場所（図12.6）で始まるため、風が弱まるゾーンが2カ所（図8.6）になります。片方は沖へ向かって移動していき、片方は岸へ向かって移動していきます。そのふるまいとカーム（凪）ゾーンが移動する速さは第8章で説明しています。

午後の風──海からの傾度風

同じ海から吹いてくる風であったとしても、海からの傾度風と海風は性質が異なるため、区別して考えます。そのふるまいは風向、風速ともに変化の仕方が明らかに違います。風向を第3、第4区分に分けて考えると（図12.3）、風に顔を向けたときに左手が岸の場合と、右手が岸の場合での、海岸線付近での風の発散に違いがあります。

第3区分からの傾度風

岸のほうが比較的低圧になっています。午後の温度上昇で気圧はより下がります。

・風速は増す：傾度風が陸に対して直角から15度くらい左から吹く場合は、元の風速よりも5〜6ノット速くなります。

・風向は海岸線よりも15度ヴィア（右方向への変化）しますが、角度は温度上昇よりも、傾度風の強さに影響されます。朝の風が弱いときのほうが、強いときよりも角度が大きく変わります。

第4区分からの傾度風

岸のほうが比較的高圧になっています。午後の温度上昇で気圧は下がります。

・風速は減少する：風向が海岸線の向きに近ければ近いほど、より減少します。

・風向はヴィアする：朝の風が弱ければ弱いほど、ヴィアします。

・傾度風が弱まり凪になると、午後遅くから海風が入ります。

1986〜87年にオーストラリアで開催されたアメリカズカップで吹いた「フリーマントルドクター」という超強風はよく知られていますが、ここには純粋な海風と海からの傾度風との違いがはっきりと表れていました。一般的な意見は、「フリーマントルドクターは裏切らない。90％くらいの確率で毎日午後から吹いてくる。そして風力6まであがる」というものでした。実際に風力6になったのは全体の半分以下でしたが、もっとも頻繁に吹いた12〜15ノットの風は「普段は吹かない風」とされていました。

海風と上空で吹く傾度風との関係を理解した上で考えたならば、現地時間の午前8時には、その日に吹く風が風力4なのか6なのかを90％の確率で当てることができたでしょう。

傾度風が南東から吹く（第1区分）ならば、午後からフリーマントルドクターが純粋な海風として風力6で吹きます。南南西や南西からの風（第3区分）は、風力4に6〜7ノット加速する程度になります。また、傾度風の風向は、海からの風が最終的に落ち着く風向を判断するのにも役に立ちます。

日没になると

日没になると海風が弱まり、陸の温度が下がるので傾度風に変化が起こり、陸風が吹き始めるというパターンを第11章で説明しました。陸からの風がまず海岸付近（第1、第2区分）で吹き始め、次第に沖の方向へと海風と入れ替わりながら広がっていきます。海風の循環が小さくなりながら、陸からの傾度風に押されるような状態で沖へと移動していき、やがて弱い乱流になって消えていきます。乱流が消滅するまでに、12時間くらいかかる場合もあります。

傾度風が第3、第4区分から吹いている場合は、海風が吹きだす前に吹いていた元の風に戻ります（その日のうちに大きな気象変化が始まらない場合に限りますが）。海岸付近で収束していた強い風は第3区分へ戻り、岸付近にできていた弱い風のエリアは第4区分へと戻ります。

陸風

水のように斜面を流れて海へと到達する陸風は、北半球でも南半球でもその性質に大差はありません。しかし、吹き始めて2〜3時間経つと、地球の自転の影響を受けて南半球では左方向に変化するところは異なります。

第 13 章　重力波と突風

「重力波」という用語は、気象学者の間で、他の章で説明してきた、さまざまな風の現象を表すのに使われています。雨雲（第14章で解説）から延びるスコールラインは重力波です。冷やされて比較的重たくなった空気は重力によって落下し、地面にぶつかり、外側へと広がります。筆者が「海まで流れ込む水」と表現している陸風（第11章）も重力波のひとつです。冷たく、重たい空気は斜面を重力によってすべり落ちてきます。

さまざまな種類の重力波が、ときどき寒冷前線の後ろ側で観察されており、「寒気突風」と呼ばれることがあります。筆者も1991年にドイツのキールで開催されたワントン世界選手権で経験しました。北から寒冷前線が通過して、天気予報どおり、風は北西へとヴィア（右方向への変化）し、風力3〜4になりました。ヴィアしてから1時間くらい過ぎたとき、風速が増して風力6になり、20分ほど強まりました。空には積雲が連なり、猛烈に冷たい突風が吹き、風向はさらに40〜50度ヴィアしました。積雲や、やや発達した層積雲が1,500m上空に見えましたが、雲の下で起こっている現象とは何も関係がないといった様子で、ゆっくりと南へ移動していきました。これらの事実から推測すると、これは「非常に冷たい空気の塊」が、たぶんノルウェーの山から落ちてきたのでしょう。冷たく重い空気は南へと勢いよく流れ、最初の引き金となった寒冷前線の背後から押し寄せてきたと考えられます。そんな塊が落ちてくる兆しは、上空1,500mにはありませんでした。

おそらく、寒冷前線の2割は、このような寒気突風の重力波が前線通過の数時間後にやってくるため、用心が必要です。そして、それは山から海へ落ちてくる風だけではありません。南洋を渡ってきた世界一周レーサーたちに聞いたところ、ほとんどのセーラーが、南極大陸の端で発生したと思われる寒冷前線の通過後に、このような寒気突風を経験しています。

寒気突風は、オーストラリア気象局が命名したものですが、オーストラリア大陸の東海岸を寒冷前線の背後から、下層で、冷たい空気が北へ移動していく現象です。東海岸の少し内陸へ入ったところは南北に山が連なっていますが、冷たく重い空気は、海岸線よりもスムースで楽に流れていける海上を進んでいくのです。北へ向かって流れるばかりで、摩擦抵抗の多い陸地をよけるように、海上を吹き抜けます。シドニー湾も無視されてしまいます。

重力波と波動

海上で、低い雲が広範囲に覆っている上空を飛行機から見る機会があったなら、雲頂が規則正しく並んだ、周期の短い波動を見ることがあるでしょう。波長が長くて低い海のうねりとは異なります。これは空気の動きに波があることを意味していて、崖な

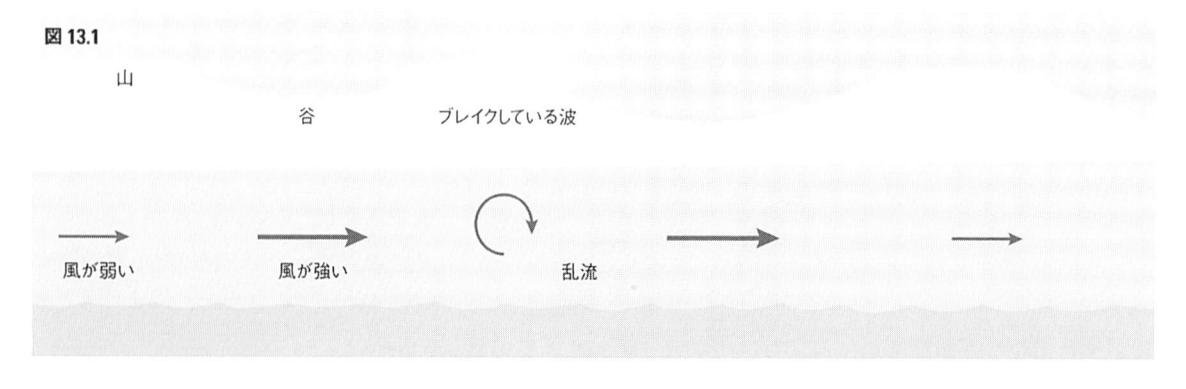

図 13.1

山　　　　　谷　　　　ブレイクしている波

→ 風が弱い　　→ 風が強い　　↻ 乱流　　→　　→

どから風が落ちてくる(図3.11)のとは違う現象です。気象学者はこの現象を「ケルビン・ヘルムホルツ波」と呼びます。数百メートルごとに、雲の波のひとつが海の波のようにブレイクしています。雲頂付近はでこぼこしていて、乱流の存在を示しています。これが波動です。

雲の下の地表(図13.1)で、雲頂の山と谷の下では、第4章で説明したのと同じように、風が弱いところと強いところがあり、風速に2～3ノットの差がつきます。ブレイクしている雲、または波動は、地表面で乱流が発生しており、2～3分周期で風向や風速が不規則に変動している(1～12ノットの変化がある場合も、6～8ノットの変化の場合もある)ことを示しています。そのような乱流が突然どこからともなくやってきたら、それが何なのか理解できていなければ、ただただ驚くだけになります。

こういった波動は、安定した空気の中でしかできません。例を挙げるなら、アメリカのロードアイランド州ニューポートで行われていたアメリカズカップでしょう。しかし、もっと身近な例が、飛行機で航行中に乱気流を通過するときです。たいていの場合は晴れていますが、波動をもつ雲が窓から見えるでしょう。地表からもこういった雲を見ることができます。よく表れる巻雲のひげや巻層雲は、連続した海で見る波のブレイクのようです。

かもめノート

斉藤が南半球のオーストラリアへ遠征したときのことですが、天気図を見て、低気圧と高気圧の風向きが逆で、東西南北、前線の進む向きが分からなくなってしまいました。「鏡写しに考えなさい」とアドバイスされたので、パソコンに取り込んだ天気図を、オーストラリア大陸を鏡写しに赤道からひっくりかえして、日本と同じように天気が変化する向きに直して考えてみました。すると、日本海から寒気が押し寄せてくるのと同じようにメルボルンの東側を南氷洋から「cold surge」(寒気突風)が北上してくるのもつかめ、毎日そんなことをやっていたら、南半球にも慣れました。

第13章では難しい用語が出てきて、なんとなく通りすぎてしまった人もいるかもしれませんが、図13.1で、雲と波動のつながりを見てもらったら、次章の「雲のメッセージ」を、おもしろく読めると思います。飛行機に乗ったときには雲の上の形をよく観察してみて、ブレイクしている雲やひげを発見したら、飲みかけのコーヒーをこぼさないようにご注意を!

第 14 章　雲のメッセージ

　雲は大気で起こっているさまざまな現象を教えてくれますが、その中に風の変化も含まれます。地表から何万kmも上空の軌道を周回している気象衛星から見ると、雲は空気に色をつけたようで、大規模な天気のシステムを地図のように表してくれます。低気圧は、付随する気圧の谷や前線があるため見つけやすいですが、もっと小さなスケールの現象も雲から分かりますし、中には雲がヒントになって（確実にその現象が見つかった場合ですが）風のシフトパターンがよめるというケースもあり、ヨットレースを戦うヘルムスマンには貴重な情報源です。

　では、地上から雲を見上げたときではどうでしょうか。雲は確かに意味を持ちますが、その現象が起こっている範囲は200～300メートル程度のスケールしかありません。積雲を例に挙げてみましょう。雲のあるところでは空気が上昇し、雲と雲との間では下降する流れがあります。積雲が大きく発達していくと、雲が周囲から空気を吸い上げているために、風がない場所が多いこともあります。実際に、どの雲もみんな何らかのメッセージを持っていますが、それがすべて風に関係するわけではありません。セーラーは風の性質に関係する雲の特性（ガストの吹き出しがあるかなど）を見分ける必要があり、レースをしている時間帯に風の変化があるかどうかを予測できるようにします。

　多くの書物では低気圧や高気圧などの大きな風のシステムを中心に説明しており、気圧の谷や尾根、雲や前線通過にともなう風の変化なども解説しています。これらは外洋レーサーにとって貴重な情報源です。しかしディンギーセーラーにとっては、小さなレースエリアで3～4時間しかレースをしないので、前線が何時何分に通過するのか、そのとき風向が何度シフトするのかなど、変化が起こる時間や状況を誤差なく正確に予測することは無理ですから、それらの書物から得た知識を最大限に利用することはできません。

　私が確かだと思っていることがひとつあります。雲を見分ける知識があれば、それは必ずレースでの勝利につながります。雲を観察する習慣がつき、繰り返して練習している間に、雲の発生や発達の具合が分かるようになり、風のパターンとつながりだします。それが自分の成績につながったあかつきには、自分でもびっくりすることでしょう。ここでは、上空3,000メートル以上の高いところにできる雲の話はしません。それらの雲は場所が高く、しかも何時間も後に影響してくるだけですから。それよりも、ここでは数分後から2～3時間内で起こる風の変化に関連する雲について、集中して説明します。まずは、誰でもできる観察方法やそこから推測することを考えてみましょう。

黒い雲と白い雲

　雲の色は、太陽にどう照らされるかによって違ってきます。太陽の光があたっていれば白く見えるし、太陽の光をさえぎっているときには黒く見えます。日の出や日の入りの照射角度では、きれいに色がついて見えます。この色は、雲が動いたり、太陽の高度が変わったりすると変化します。こうして雲の色が変わることは、風に影響しません。

　同じように、陸や海にかかるかすみの層が太陽の高度とともに変化するのが観察できるかもしれませんが、これを風の変化の前兆と解釈してはいけません。しかしながら、かすみの層があるかないかというのは、第7章で説明した海風にとって重要なポイントです。

曲がった雲

　積雲が曲がって見えるときは、その雲の上部と下部とでは動くスピードが異なるわけで、高度の違いで風速が大きく変化していることが考えられ

ます。もしも曲がった積雲の高さが雲底で500メートル以下とみたならば、通常よりもガストとラルとで風向の変化が大きいと予測できます。

平たい雲

横に層状に広がっている雲（層雲）は、安定した大気の状態を表しています。この雲は多くの場合、雲頂が暖められたり冷やされたりすることで形や構造が変わりますから、この雲から風のパターンはよみ取れません。しかし、低い高度で層雲が広い範囲にはっきりと表れたときは、風に変化が起こることが多いです。それは第13章で説明した重力波のように一時的なものかもしれませんし、高気圧の尾根が通過して新しい風が入る前兆かもしれません。

でこぼこした雲（積雲）

気象学者は、でこぼこした雲に「積雲」という名前をつけています。この雲は不安定な大気の状態を示し、午後になって地表での気温が上がると、よく陸地の上に見ることがあります。地表付近で暖められた空気の塊は膨張して上昇し、露点温度まで冷やされると凝結して水滴となり、雲ができます。空気の塊はさらに温度を下げながら、周囲と同じ気温になるまで上昇を続けます。

図14.1のように、積雲が1つだけある状態を探してみましょう。地表で暖められた空気は上昇して雲を作り、雲周辺からその穴埋めをしようとする下降流ができて、対流が発生します。もしも傾度風がなかったとすれば、積雲は移動せずに同じ場所にとどまります。雲に影響のある風が対流だけになるからですが、このとき雲に吸い込まれていく風の強さは、雲の大きさで考えましょう。例えば、直径が約100メートルで高さが300メートル程度の小さな雲の下では、この風が1ノット以下と考えます。直径500メートル以上、高さが5,000メートル程度まで発達した雲では、この風は15ノット以上ということになるでしょうか。

実際には常に傾度風が吹いており、積雲に吸い集められていく穏やかな風もありますが、傾度風にはわずかな影響でしかありません。しかし、たとえ小さな規模の積雲でも、図14.1で示すA地点では周辺よりも風が強く、ヴィア（右方向への変化）していますし、B地点では周辺よりも風が弱く、バック（左方向への変化）しています。

雨雲

ここまでは空気の動きと比較的小さな積雲のつながり、天気が良くて、雨が降りそうもない積雲を考えてきました。雨は積雲の風の特徴に根本的な変化をもたらします。どういうことでしょうか？

雲底から雨が落ち始めると、雲の下の空気中で雨粒の一部が蒸発（気化）して温度を数度下げます。

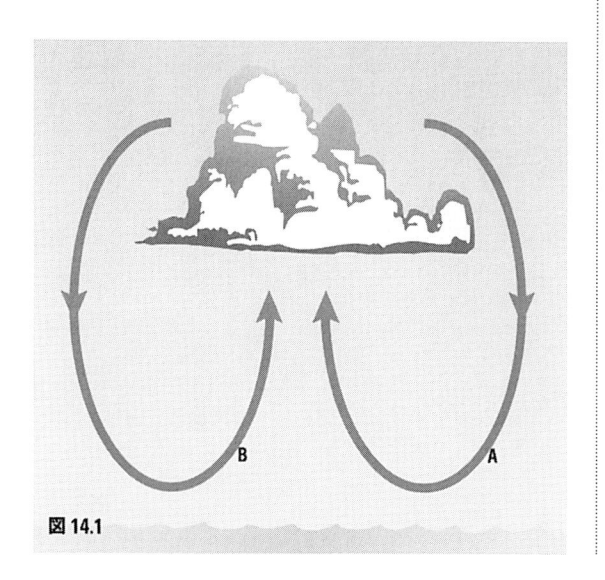

図14.1

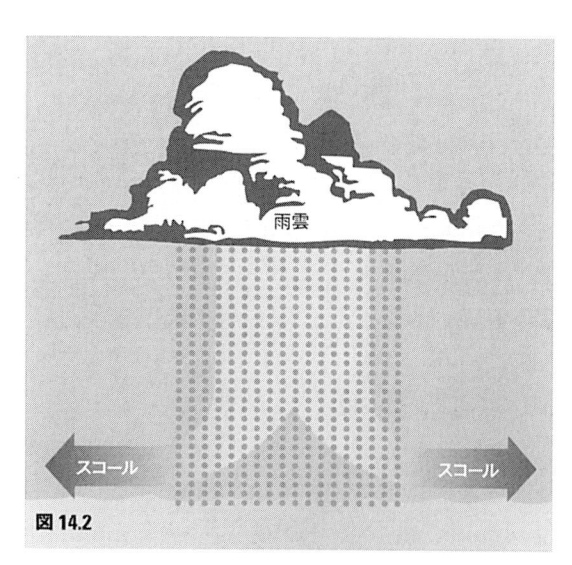

図14.2

冷えた空気は下降し、温度が下がれば下がるほど、勢いよく下降します。したがって、雲の中で比較的穏やかな動きをしていた空気は、強い雨のスコールとして、雲からどっと吹き出します（図14.2）。

　雨が降るときに空気が冷やされるのを体感するために、わざわざ海へ行く必要はありません。風呂場でシャワーの蛇口をひねってお湯を出してみると、突然、冷たい空気がシャワーから足元にくるのが分かるでしょう。海では、目で見て分かりやすい変化の兆しがよくあります。雲の下にグレーのカーテンのように雨が降り出したのが見え、海面まで続くと、そこから外側へ広がっていきます。ときには真っ黒で恐ろしげな雲のアーチが自分に向かって近づいてくることもあるでしょう。スコールは、雲の下で雨粒が蒸発することによって冷やされる空気の量に限りがありますから、寿命は短いです。一度スコールが通過した後も雨はしばらく続きますが、雨が使いつくされるまでだいたい10〜20分程度でしょう。雲から吹き出す風は雨とともに徐々に弱まります。

　もちろん、実際は常に傾度風が吹いていますが、非常に弱い雨の場合を除き、傾度風よりもスコールからの風が一時的に勝ります。風向が同じときは合成されて強まります。

　海上で雨が降ったりやんだりする日は、積雲が発生から消滅までの各段階でいくつも散らばっていますから、まだ雨が降る前の雲もあれば、まさに雨が降り出すものもあるし、降り終わって衰弱の段階のものもあるでしょう。そうすると、今自分が感じている風は、積雲と自分との位置関係だけでなく、その積雲が発達中か降雨中か衰退中かも影響してきます。ひとつひとつの雲を注意して見ることが重要です。衰退して雲が消滅したときに残る乱流が表れたら、傾度風へ戻るタイミングと考えておきましょう。

戦術として

　雨がすでに降っている積雲や、まさに降り始めそうな積雲を見たならば、図14.3に示すように、コースの右端へ、雲に向かって突っ込みましょう。スコールの吹き出しでヘッダーが入ったらタッキングし、マークへ向かいます（図14.3）。しかし、雨が降らない雲に向かって行ったのでは、まったく逆の現象が起こっているのですから損します。

積乱雲と雷雨

　巨大な雨雲は積乱雲と呼ばれ、多くの場合、稲妻と雷鳴をともないます。この雲は鉛直方向に8,000メートルも発達することがあり、熱帯地方では12,000メートルにまで達するのがあります。積乱雲の雲頂は上空の強い風により一方向に流されて「鉄床状」をしていることも多いです。飛行機のパイロットは、ときとして60ノットを超えることがある上昇流や下降流に出くわさないため、積乱雲を避けます。

　小さな雷雨（雷鳴が1〜2回）は、雨雲の大きなものが通過するのとほとんど違いがありません。傾度風は雲が近づくと影響を受けて曲がり、スコールとともに風が吹き出すというものです。こういった雲のほとんどが、風上を向いたとき、左へずれるように近づいてきます。そのため、雷雨を回避するならば、雷雨を左に見た（北半球の場合）コースをとります。もし、雷雨の風とシフトを利用したいのならば、雨雲のところで説明した戦術を使います。

　巨大な積乱雲は、雲の一部で雨が降りながら、ま

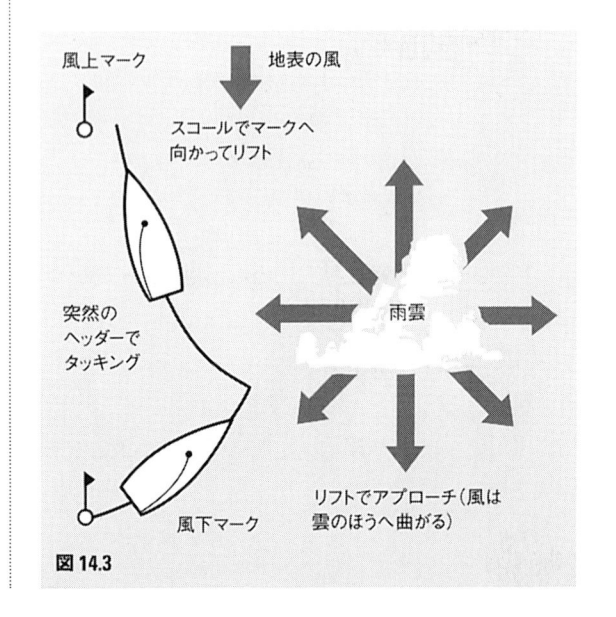

図14.3

た一部では新しい空気を吸い上げるというように、自己増殖する構造になっているため、複雑な発達をします。雷雨は少なくとも1〜2時間は続くので、避けなければなりません。

高いマストは、周囲に木や高いものがないと目標物になるため、雷が地面に放電するための避雷針になりやすいです。そのため、マストから水までは電気が流れるように（金属が）連続していることが大切です。もしも、マストステップが木やFRPの上に載っていて、水線下まで金属部分が届いていないとすると、雷が落ちたときにはハルに穴があくことになるでしょう。落雷の危険があるときは、アンカーチェーンなどの金属をサイドステイから水までつなぐことです。ヘルムスマンとクルーはマストから離れて、スターン寄りにいるとよいでしょう。間違ってもサイドステイ（シュラウド）を持ったりしないことです。

列状や帯状の雲

一般的に認識しやすい帯状の雲は、天気図に現れる大規模な前線や気圧の谷にともなうもので、気象衛星画像に表れます。これらの雲にともなう風のシフトは大きな変化になり、20〜50度に及ぶことも多いですが、レースの日に、次の上りレグで、いつ気圧の谷や前線の通過があるかをピンポイントで当てようとしても、それを作戦として利用できるだけの精度の高いものになりえません。変化のタイミングを1〜2時間の誤差範囲内で当てることができれば十分でしょう。しかし、天気図から予報されている変化が、帯状や列状になって自分のほうへ向かってくる低い雲として見えることがときおりあり、風の変化の兆しと考えることができます。風の変化が予報されているならば、タイミングは正確には分からなくても、変化の兆しとなる低い雲の層を予報の確認材料として見れば、勝つための作戦に取り入れられるでしょう。

前線、気圧の谷や尾根、それにともなう雲の性質などを、より詳細に学ぶことは、外洋レースではもちろん役に立ちます。ここでは、高い場所にできる雲の中で、必要なものをひとつだけ説明しておきましょう。

輪郭のはっきりした雲が空に広がっている場合で、青空の中に薄い巻雲が片側にあり、反対側に、もう少し厚く見える雲が高度の高いところから中くらいのところにあります。雲の輪郭にあまり変化がないときは、傾度風が数時間変化しないことを示しています。雲の輪郭が動いており、自分に向かって雲が増えていく場合は、傾度風が強まり、バック（左方向に変化）する兆しです。雲の帯から判断できますが、上層の風が強ければ強いほど、より大きな変化が起こります。

動く低い雲列──
小さな気圧の谷

通常、小さな気圧の谷は、寒冷前線の通過後や低気圧性の循環内において冷たく不安定な空気があるときによく見られます。鉛直方向に発達する積雲の列が自分のほうへ向かって近づいてくるのは、風がシフトする兆しであり、数分後に周囲よりも強い風が吹き始めることが予測できます。雲列の中での雲のとがった部分から雨が降っているときは、雲からスコールが吹き出す際にドラマチックな変化が一度あることが考えられ、その後に風がヴィア（右方向に変化）して、新しい風向へ落ち着きます。この場合はスコールを回避することもあれば、風をとりにいくこともあります。このように小さな気圧の谷の通過は周期も決まっているわけではありませんが、多いのは2〜4時間の変化でしょうか。

雲通り

海上でよく見かける、きまった間隔で並ぶ積雲列のことを「雲通り」と呼んでいます。これらの雲は第4章の図4.1で示したように、垂直方向の動きだけでなく、水平方向にも流れをもっています。よい例は貿易風帯の数百キロメートルにも及ぶ雲列でしょう。雲の下で地表の風は傾度風よりもバック（左方向への変化）して弱くなっていますが、雲列の間の晴れているラインではヴィア（右方向への変化）して強まっています（図14.4）。

積雲の「雲通り」は風向に沿っている

ロール状の層積雲列

高積雲

積雲列は海風の先端が陸に達したしるし

風向の違いはわずかですが、頻繁に起こることなので、利用する価値があります。雲通りをクローズホールドで走ると、すぐに雲の位置とシフトとの関係が見えてくるので、タッキングポイントを予測して考えていきます。リーチングで走るときはガストとラルが頻繁にあるため、コンスタントなセールトリムが必要です。ランニングではシフトでジャイブをして、角度をつけて走るようにします。

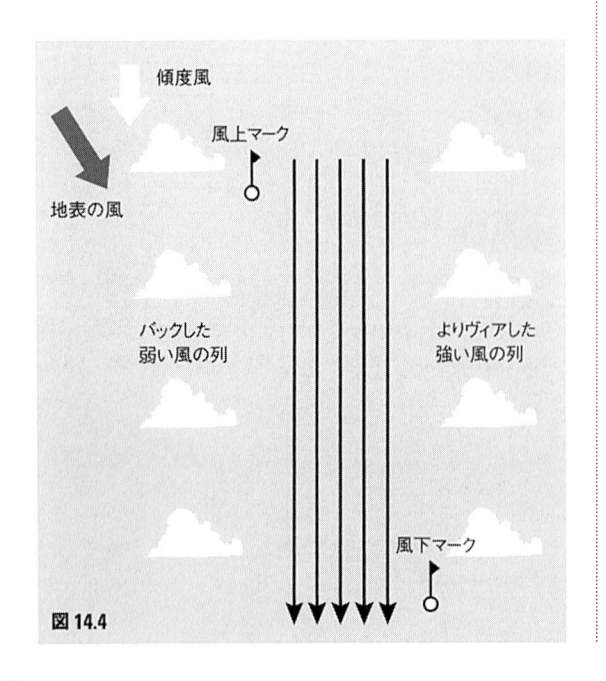

図14.4

動かない低い雲列

低い雲列が動かないのは、次のような状況が考えられます。

・三角波が崖や丘からの下降流で発生しているとき（第3章、図3.11）
・風が岸に対して平行に吹いており、陸風と海風が収束しているとき（図3.6）
・隣りあわせの温かい水と冷たい水とが局地的な収束で空気の流れを作るとき（第4章、図4.3）
・積雲列が陸上の特に温度が上昇したスポットに発生して、1列だけの雲通りを形成した場合

最初の3つの状況で分かる風のパターンは、それぞれの章ですでに説明しています。雲通りが動かないときは独特の風のパターンができ、雲通りの下では周辺よりも弱めのバック（左方向に変化）した風になり、水が冷たすぎなければ、雲列の両側で強めのヴィア（右方向への変化）した風になります。海水は空気よりも冷たく、安定した状態ですから、陸からの雲通りは海面の風にあまり影響しません。

霧

暖かい湿った空気が比較的冷たい水の上に流れてきたとき、水が気温を露点温度（水の凝結が始ま

小さい積雲。晴れた日の典型的な雲

積乱雲。典型的な雷雨の雲

房状になった高積雲。しばしば嵐になる前兆

気圧の谷が来る前に雲が増えていく

る温度)よりも下げてしまうと、霧が発生します。海でも湖でも、水温は河川、海流、風などの影響で場所によって変化します。霧の発生状況は常に同じとは限りません。冬と春は岸に近い部分で水温が低くなりますから、霧は沖よりも岸近くで発生しがちです。夏と秋は岸近くよりも沖のほうで水温が低くなりますから、海上で霧が発生しがちです。ときおり、よく晴れた日の夜間に陸地で発生する霧が海へ流れていくこともありますが、海に出ると温かい水に触れて分散し、マストヘッドの高さまでは比較的早く霧が晴れてしまうことがあります。

霧の中では、次のような安定した風の特徴を見つけてください。

・第2章で説明した鉛直方向の風の変化
・際立った風の帯
・ガストとラルがない

かもめノート

こんな雲があるのは知っていたけれども、風までは……などと思いませんでしたか? 雲形は写真を見て形を覚えるよりも、横に広がる雲と縦に発達していく雲との違いや、風に影響する雲の高さが見分けられるようになったらよいわけで、マスターできたら風が見える気分になれると思います。雲の高さを判断するには、周辺の山や丘の高さを調べておいて参考にします。

先日、サンフランシスコで470級の世界選手権が開催された際には、金門橋の橋げたの高さを参考にして霧の入り具合をチェックしたりしました。江の島なら富士山や三浦半島、西宮なら六甲山など、ランドマークを探してみてください。今すぐに説明していることが理解できなくても、2年経ってから、「あ、このことを言っていたんだ!」と、実際に経験したときに納得できることも多いはずです。

今日見えた雲が層雲か層積雲かと悩むよりも、この雲の右では風がリフトしたとか、左でもリフトしたとか、雲の色と形に風の変化をセットにして考えてみてください。風が吹き出すと思っていた黒い雲が自分の頭上を通過したときに風がなくなったならば、その雲は発達の段階にあるわけですし、雲の下にグレーのカーテンが見えたにもかかわらず、自分が5分後にそこへ到達したら雨がやんで風もなかったとか、経験を重ねながら、雨雲を見られるようになれば楽しいものです。レースエリアでスコールの吹き出しに出くわした艇が沈んでいるのに、スコールラインからはずれた艇は何事もなかったかのようにレースを続けていたことも記憶にありませんか?

雲を先取りしたい人は、レース当日の朝、パソコンでアニメーションの雲画像をチェックしてみてください。ハーバーに着いたら空を見上げてから、再度、携帯電話で雲画像をチェックしてみましょう。雨雲が気になるときは雨雲レーダーのアニメーションを見れば参考になります。

第 15 章　　　　　　　　　　　　　　　　　　　　　微風

　傾度風が6〜8ノット以下に弱まると、水面付近の風は帯状か乱流になることが多いです。こういった風の帯の幅や長さ、乱流の大きさや形状は明確なガイドラインでまとめることができませんが、ひとつだけ確実なのは、微風では"むら"があるということです。しかしながら、これまで説明してきた章の中にはいくつもの重要なヒントがあり、陸地に近い場所での海水面の温度、低い雲、潮の流れなどは特に影響をもたらす要素です。次に挙げる項目はすべてを網羅しているリストでもなければ、優先順位がついているものでもありません。自分が今おかれている状況に合わせて考えてください。

・風は水が冷たい場所よりも、その周辺でもっとも温かい場所に吹いていることが多い。どんな潮の影響があるのか？　川の河口近い場所になるのか？　第4章参照。

・雲のない夜に陸が冷やされると沿岸の風を消してしまう。第2章参照。

・陸に囲まれていない開けた海面で、陸から十分に離れた場合、風の帯はそこで吹いている傾度風の風向で移動していくことが多い。幅は0.5キロメートル以下かもしれないが、それを見つけたら、できるだけ長くその帯の中を北半球ではスターボードタック（南半球ではポートタック）で走ることが良い。第4章、第6章参照。

・雲底が1,000メートル程度の積雲タイプの雲は地表から空気を吸い込む――他に何もなければ雲を探すとよい。第14章参照。

・夜間は雲がない場所よりも低い雲の下に風があることが多い――層雲や層積雲。第2章参照。

・さざなみに囲まれたスムースな水面部分には風がないことが多い。ただし、海面がスムースな部分は海水が湧き上がっているだけかもしれないので注意する。第18章参照。

第 16 章　　　　　　　　　　　　　　　　　　　　　風と障害物

通常、選手権大会のレース海面は、風をさえぎる障害物から十分に離れた場所に設定されます。しかしながら、内陸の湖でのレースでは、エリアが限られていてそのようなコンディションには恵まれませんし、さらに河川でのセーリングでは風をさえぎる障害物とうまく付き合っていかなければなりません。そのため、過去に何度も計測されてきた、さまざまな障害物の風に対する影響を調べることが必要になります。海でのクルーザーレースでは、先行する大型艇が障害物となりますから、後続する小型艇のセーラーは障害物と風の関係を応用して考えることができます。

障害物はさまざまなタイプや密度の違いがあります。建築物、木、森、壁、塀、ボート、柱など、いろいろです。背が低いものもあれば、高いものもありますが、風に対しての影響の度合いは、その障害物の高さと密度によります。ここでいう密度というのはその障害物が日光をさえぎる量と考え、おおまかに区別すると、煉瓦の壁なら100%、間隔をあけて植えてある木々なら30%となります。

基本的には、どんな密度のものでも、その障害物の高さの約30倍の距離を風下側に離れたところまでいかないとクリアな風になりません。河川でセ

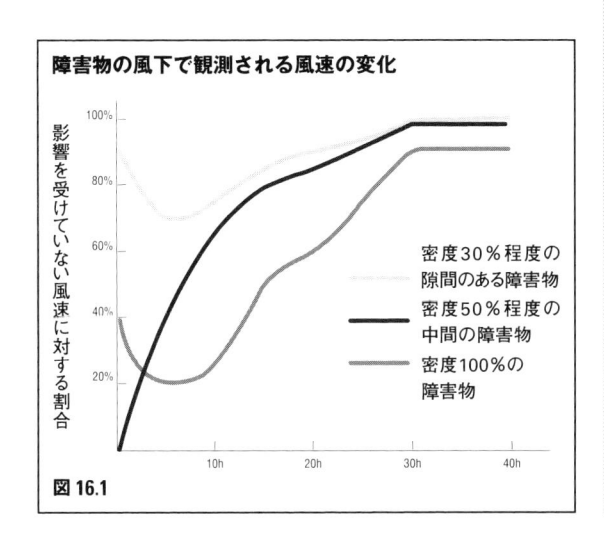

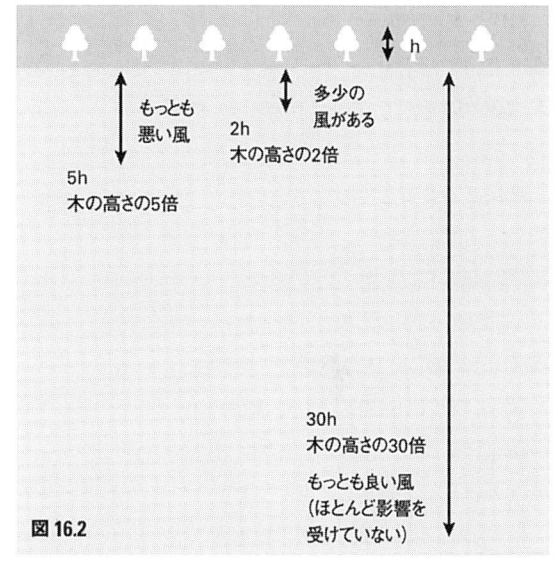

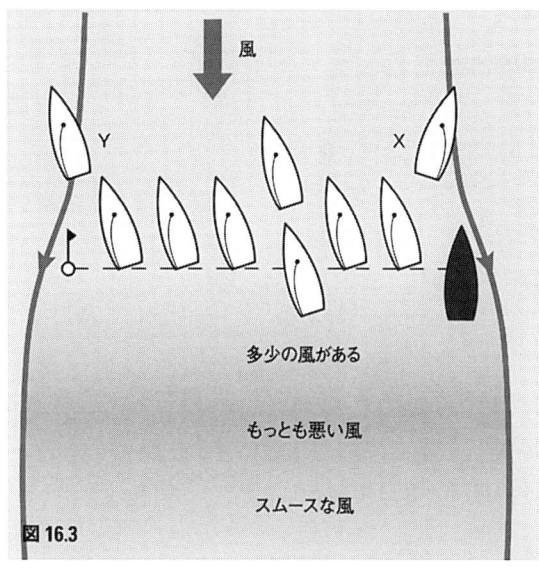

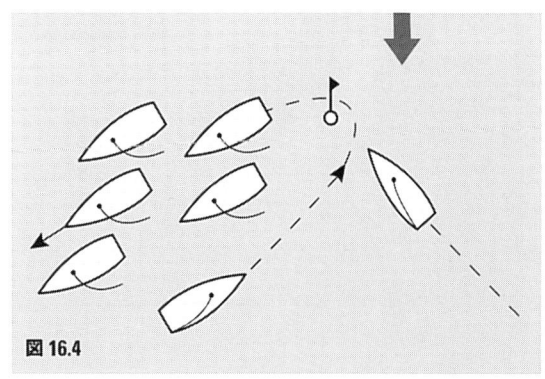

障害物の風下で観測される風速の変化

図 16.1

図 16.2

図 16.3

図 16.4

ーリングする人にとって、そんな距離はとれませんから、そういった場所ではどんな風の吹き方になるのか、過去数十年間にわたり、シンプルなガイドラインを作ってきました。

　図16.1は、数年前にイギリスの気象センターで働くR・W・グロインが障害物の風下側への影響をまとめたもので、次のことが分かります。

・密度の高い障害物では、高さの5倍風下側で風がもっとも弱くなる。図16.2は、林の風下側でもっとも風が悪い場所を示している。
・中間から高い密度の障害物は、煉瓦の壁や厚い塀よりも風に大きな影響を与える。
・密度の低い障害物では、障害物の高さの約10倍風下側で、風は元の平均速度の75％程度になる。

　100隻のヨットがスタートラインで並ぶと、中間から高い密度の分類に入るため、マストの高さの30〜40倍風下側まで影響があります。例えば、300メートルとか、それ以上になります。図16.3を見ると、スタートラインに並ぶフリートでは風が妨げられるだけでなく、両端でベンドしているのが分かります。ボートX（ポートタック）とY（スターボードタック）は両方ともリフトになります。
　図16.4は、フリートの後ろで風上マークへポートアプローチするときの危険を表しています。風上マークを回航した艇の集団は中間から高い密度の障害物となり、その風下側を走ることは、風が乱れているので避けましょう。

第 17 章　水の流れ

　水に流れがないのは、稀なことで、ほとんどの場合、何らかの理由で一定の方向か、あるいは反対向きに流れており、その動きはセーラーにとって知っておきたい要素です。レースエリア全体が同じ流れで、レース時間中に変化しない場合は特定の艇に有利に働かないため、それほど大きな問題ではありません。しかし、流れがレースエリア内で異なるときや、レース時間中に変化が起こる場合は、それを利用することができます。

　多くの場所で、海流に関する情報はAdmiralty Pilot（英国の海事事務所）でそのエリアのものを入手することができます（日本では海上保安庁になります）。また、潮流については、地元の潮見表やチャートから調べることができます。ここで大切なのは、いろいろなパターンがある潮見チャートのデータから、どのように予測し、理解するかです。パターンの違いは次の4つの理由から起こります。

- 海岸や島などの影響
- 水深の違い
- 風
- 水温と塩分の違い

海岸や島などの影響

　川岸に立って、川の流れを観察してみると、入江や内側にへこんだ場所ではいかに簡単に乱流ができるかが分かります。乱流は障害物の下流や、川の速い流れの縁によくできます。乱流の中にはずっと同じ場所にとどまるものもあれば、くずれて主流に取り込まれていくものもあります。

　海で乱流を見つけるためには、基本知識と観察が大切です。もしも流れが入江や湾などの障害物を通過すると、そこには乱流が発生しやすいです。その形、大きさ、いつ発生して、いつ流れに取り込まれるのかというのは、海岸線の形と水深によって異なります（図17.1）。

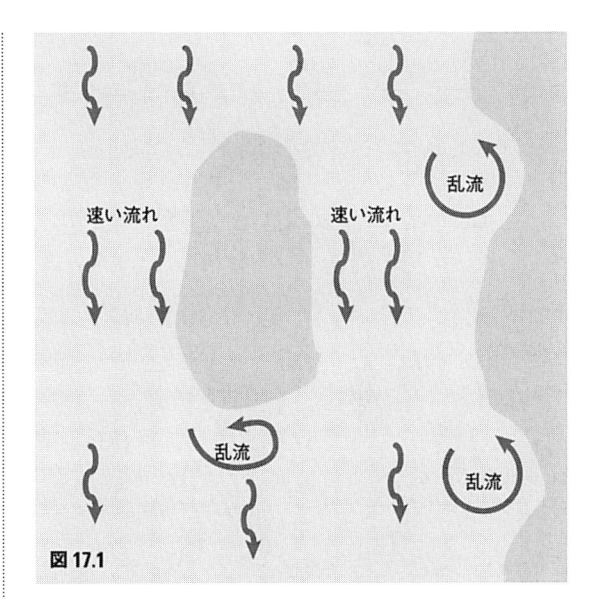

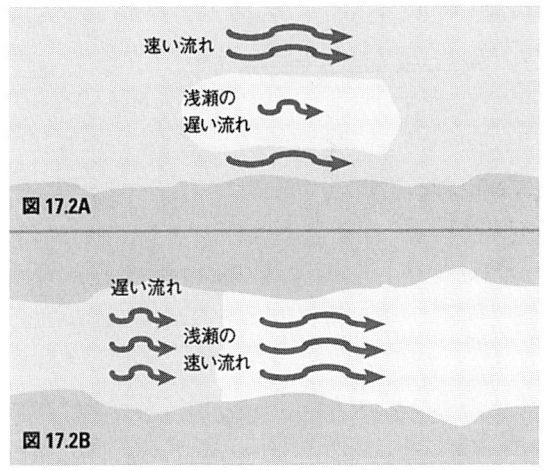

図 17.1

図 17.2A

図 17.2B

水深の違い

　岸に近い場所や水深が浅い場所では摩擦抵抗が増えるため、流れは弱まります（図17.2A）。しかし、浅い場所が水路全体に続く場合は水の流れが迂回する場所がないため、浅い場所で速度が上がります（図17.2B）。

風

　第2章で、風に対する摩擦抵抗は風速を落とし、風向をバック（左方向への変化）させると説明しま

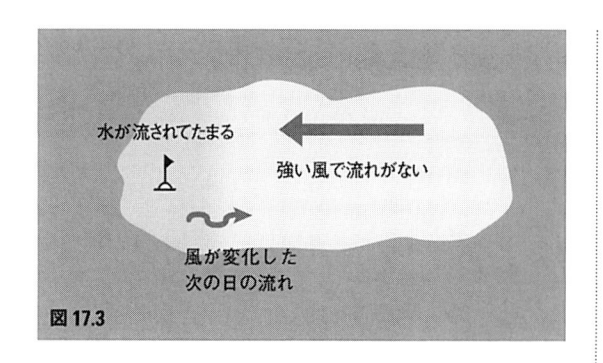

図17.3
水が流されてたまる
強い風で流れがない
風が変化した次の日の流れ

した。スムースな海面ではおよそ15度でしょうか。また、風による摩擦は水面を動かし、比較的水面の塩分が薄かったり水温が高かったりする場合（または両方）に、大きく動きます。そのため、表層の水は安定し、深い場所の水と混ざることなく、独立して風下へ動いていきます。水深1メートルまで比較的水温の高い安定した海面上を10ノットの風が約10時間吹くと、およそ1ノットの流れができます。この風の影響でできる表面流は風下方向に流れていきますが、地球の自転の影響を受け、北半球では右方向へ変化します（南半球では左へ変化）。中緯度の地域では24時間で最大80度の変化があるかもしれませんが、岸に近い場所では岸の影響で角度の変化が制限されます。低緯度の地域では角度の変化は小さくなります。

陸地に囲まれた場所でも風の影響があります。1日かそれ以上強い風が吹き続けると風下側に水が流されてたまります。風が吹いている間は水の移動が気になりませんが、風がやんだとたんに表層の水は元の場所へ戻ろうと流れ始めます（図17.3）。水が元の位置へ戻るのにかかる時間は、次に吹く風の向きや速度と水域の面積によります。ドイツのキールでは、強い南西の風が吹いた後、水が元に戻るのに、およそ24時間かかります。

水にしっかりと層ができている場合は、風が落ちて元に戻ろうとするときに表面よりも下の層が流れます。カナダとアメリカの国境にあるオンタリオ湖を例に挙げると、強い風がなくなると、急に下の冷たい水の層がでてきます。水面の温度が急激に下がることは、風速も急激に落ちる変化につながります。

河川

表面流の変化が大きいのは河口付近です。川の水温と海の水温の違いを理解しておくことは、特徴ある変化を考える際に重要です。海の水温は潮流による干満で変化し、河川の水温が海の水温より高くなるか低くなるかは季節によって変化します。水温計は必需品です。川の水は塩分がなく、特に海水よりも温度が高い場合は海水よりも上層にとどまろうとします。こうしてできた表層の水は動きやすく、風の影響で下層とは独立して移動します（図17.4）。

1968年にアカプルコで開催されたメキシコオリンピックでは「動く海」が海岸から80キロメートルにまで及びました。水温30度の薄い温かい淡水の層が水温22度の海水の層の上にのり、夜間に風に押されてアカプルコハーバー沖のレースエリアにたまりました。レースで勝つためには、流れが変わる場所をピンポイントで知ることが必要でした。

冬や春先のヨーロッパや北アメリカ西部のように、川の水温が海の水温よりもかなり低い場合は、両方の水が混ざったときに川の水が急激に沈むため、河口に非常に近い場所を除けば、ほとんど海の流れに影響することがありません。

通常、岸に近い場所、特に河口の入江では、温かい水と冷たい水が別々の流れを作っていて、水の色が異なっていたり、ゴミが多く浮いたりしているところを境界に隣り合っていることがよくあります。

ここで、第4章で説明した水温の違いと風への影響を忘れないようにしてください。

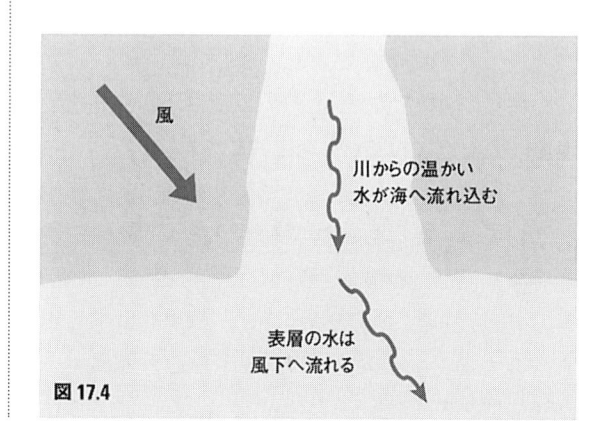

図17.4
風
川からの温かい水が海へ流れ込む
表層の水は風下へ流れる

図 17.5

(質問チャート)

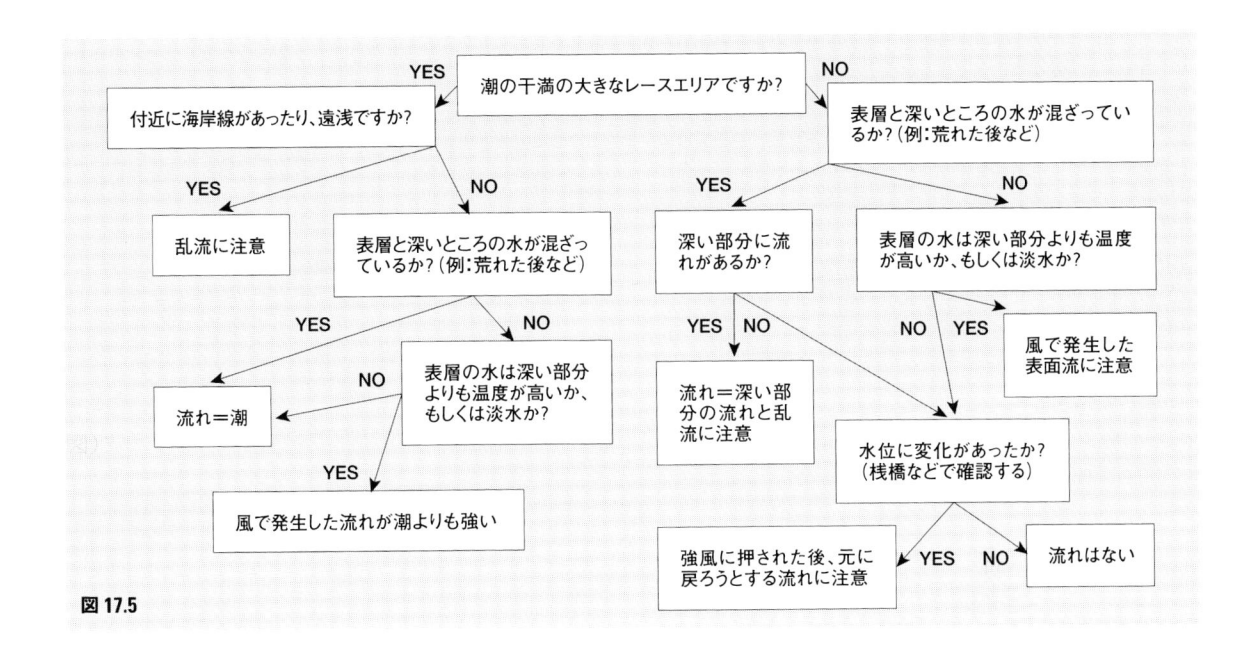

- 潮の干満の大きなレースエリアですか？
  - YES → 付近に海岸線があったり、遠浅ですか？
    - YES → 乱流に注意
    - NO → 表層と深いところの水が混ざっているか？（例：荒れた後など）
      - YES → 流れ＝潮
      - NO → 表層の水は深い部分よりも温度が高いか、もしくは淡水か？
        - YES → 風で発生した流れが潮よりも強い
        - NO →
  - NO → 表層と深いところの水が混ざっているか？（例：荒れた後など）
    - YES → 深い部分に流れがあるか？
      - YES → 流れ＝深い部分の流れと乱流に注意
      - NO →
    - NO → 表層の水は深い部分よりも温度が高いか、もしくは淡水か？
      - YES → 風で発生した表面流に注意
      - NO → 水位に変化があったか？（桟橋などで確認する）
        - YES → 強風に押された後、元に戻ろうとする流れに注意
        - NO → 流れはない

潮流の観察

表面流を知るには、固定点から風の影響を受けないものを流して、その動きを観察すると簡単です。アンカリングしてあるブイ、たこつぼなどは固定点として利用できます。流すものは1メートルかそれよりやや長いポールの片端に鉛や石などの重りをつけ、水面から数センチ頭を出した状態で垂直に立つようなものがよいでしょう。頭には目立つ色をつけます。このように水面下に長さをもつことで、実際にセーリングする艇が潮流から受ける影響を測定することができます。この浮き棒を固定点の横で落とし、1〜2分間に流される方向、距離を測ります。このような道具がない場合は、食べ終わったりんごの芯などでもかまわないので、水面に頭をださずに浮くものを使えば、およその流れは把握できます。しかし、表面に浮いたものを使う場合、晴れたフラットな水面では下よりも表面温度が2〜3度高いため、表面の2〜3センチは動きやすくなっています。6〜7センチ下の層は動いていない場合もありますから注意してください。

潮流をチェックするときには、水温もあわせて測定する習慣をつけましょう。使いやすいものとそうでないものがありますが、どんな水温計でもかまいません。また、人間の体は水温の1度、2度の変化に対して敏感ですから、飛び込んで泳ぐことも有効な方法です。泳ぐときに水温計を持って飛び込んだらよいのではないでしょうか。足の指ではさんでもいいでしょう！

レース中に潮流の影響があるかを予測するには、図17.5の質問チャートにしたがって自問自答してください。

かもめノート

　1987年の夏にイギリスのコーチが世界選手権のレース海面で水温計を使ってエリアの海水温度を測定している光景を見かけました。当時は何のために水温を測定するのか不思議な思いで見ていましたが、イギリスに遅れること15年、自分がコーチになってからはコーチボートに水温計を取り付けて、毎日の練習で必ず水温を記録する習慣が身につきました。海風要素を考えたり、川の水の入りを考えたり、とても参考になります。イギリスのコーチは当時から本書「ウインドストラテジー（初版）」で説明していることを実施していたのでした。

　レース海面での水の流れは、誰でもスタート前に測定していると思いますが、GPSの精度が上がってからは潮もGPSを使って測定するようになりました。2005年8月に470級世界選手権でサンフランシスコに行ったときは、潮が3ノット以上の場所もあり、ブイも何もないことが多かったため、浮きを落とした場所と5分後に拾った場所をGPSのウェイポイントに入れて距離と方向を出しました。これは1995年のアメリカズカップでチームニュージーランドがサンディエゴ沖でやっていた方法でしたから、新しいことではありません。潮を測るのは、たこつぼなどの固定点がある場所ではなく、自分の目で観察した潮目や影響がありそうな場所をチェックしたかったので、アンカー上げが嫌いな私にとってGPSは必需品です。レースエリアのキーになる場所でいつも測定できましたし、それを正確にチャートに記入できました。毎日、似たような場所でブイを打って測定していたイギリスのコーチは、大会直前になってハンディGPSを買ってきて私たちと同じことをやろうと質問してきましたから、ちょっと優越感を感じました。

　レースエリア内で潮流の速度や向きに差がある場合は、事前にそのメカニズムを調べ、実際に測定して裏づけをとっていくことが必要です。そして、データどおりと思い込まないで、自分の目で潮目を見分け、流され具合を体感できるようになってください。

第18章　波

通常は波を2つのタイプに分けて考えます。ひとつは、そのときに吹いている風によって発生する「風浪（ウインドウェイブ）」であり、2つめは離れた場所で吹いている風によって発生した波が伝わってくる「うねり」です。このときの「離れた場所」というのは、何千kmも離れている場合があります。どちらの波のタイプであれ、波の高さと波長は次のことに影響を受けます。

・波を発生させる風の強さ
・風が継続して吹いている時間
・水面を風が吹いてくる距離
・水深
・うねりの場合は波が移動してきた距離

風浪（ウインドウェイブ）

局地的に起こる風波は、安定した風が十分な距離を継続して吹いていれば、1時間ほどの短時間で発生し、その吹いている距離が長ければ長いほど波長も長くなります。

波の高さは風の強さで決まり、その高さに吹いてくる距離の影響が加わります。例えば、10ノットの風が、少なくとも8kmの距離を吹いていれば、2時間後に約23cmの波を発生させることになります。そのまま10ノットの風が吹き続ければ、6時間後には50cmの波になるわけですが、そのときに吹いている距離は40kmになります。ただし、水深は10m以上あると仮定します。風で発生する波について、次の表で例を挙げています。高い波を避けるには、島や陸の風下側の岸近くに行けば、風が吹いてくる距離が短くなり、波は低くなります。

風と波がなす角度

風向と波面（ウェイブフロント）とがなす角度は、水面を走るボートのスピードに、特にアップウインドで大きな影響を与えます。地表の風が傾度風よりもバック（左方向へ変化）するのと同じ理由で（摩擦抵抗と傾度風とコリオリ力のバランス）、波面も風向より数度バックした方向（北半球の場合）からくるため、ポートタックのほうが走りやすくなります。

示された移動距離と水深における風と波の関係

風		波			
風速	吹続時間	波高	波長	移動距離（最低値）	水深（最低値）
10kt	2時間	23cm	6.9m	8km	3.5m
10kt	6時間	50cm	20.2m	40km	10m
20kt	5時間	100cm	31.6m	40km	16m
35kt	5時間	200cm	56.2m	50km	28m
35kt	20時間	600cm	243m	430km	122m

十分な時間と移動距離、水深があったときの風と最大波高の関係

風	波			
風速	最大波高	所要時間	移動距離	水深（最低値）
10kt	60cm	8時間	60km	15m
20kt	250cm	16時間	240km	60m
35kt	750cm	26時間	700km	170m

しかしながら、風は波が発生し始めてからも変化します。例えば、海風発生の最初の数時間を考えてみると、風向が60度ヴィア（右方向への変化）すると波面と風向のずれができ、波を考えたらポートタックが走りやすくても、風はヴィアするため（北半球）、風上マークへのコースとしては右から伸びる可能性が高いと考えます。

同様に、前線、気圧の谷、低気圧などの通過に伴って風がヴィアすると、ヴィアした方向から新たな波が発生して、海面は波がぶつかりあい複雑になります。1979年のファストネットレースの嵐では、寒冷前線の通過で風向が急変した影響を受けたため、暴風が吹き荒れる中、2～3時間の間に波長の短い複雑な波が発生しました。シャープな波は方向が定まらずに非常に危険な状態を作り出しました。

風と水流

水流は、それが潮汐であるかないかにかかわらず、波長に顕著な違いを生み出し、また波を高くします（第19章参照）。風と水流が同じ向きの場合は波長が長くなり、水面はなだらかでセーリングしやすく、風が強くても快適です。水流が風と反対向きの場合は波長が短くなり、波は険しくなります。強い風が強い水流とぶつかり合うと、次の章で紹介する非常に危険で険しい波を発生させます。

陸での屈折

波が浅瀬に押し寄せると屈折をします。水深が波長の半分以下になるような浅瀬に波が入ると、波の移動速度が遅くなります。波面は最終的に岸と平行な向きになるまで曲がります（図18.1）

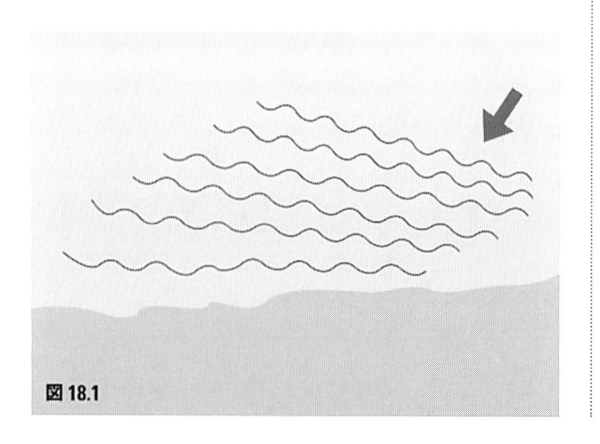

水温

新しく発生する風浪の性質は、水の表層とその下の層との温度差に影響を受けます。温度が低い層の上に温かい水が表面層を作っていると、表面層がずれやすく、風浪は表面の温かい水の部分だけで発生しはじめ、やがて力学的に下の層まで徐々に影響が及びます。深い場所なのに、浅瀬で立つような波長が短く険しい波があって、驚かされたことがありませんか？ これは表層の温かい水や塩分の少ない水の層が1mくらいの厚さでできており、それよりも下の層に影響が及んでいない状態で波ができているからでしょう。

うねり

大きなうねりの場合は、個々の波の頂上と谷とでボートスピードに大きな違いがでるため、波に合わせたボートハンドリングが要求されます。また、多くのレースでは波が大きいとマークが見にくくなり、コンパスを使ってのナビゲーションに頼ることも増えてきます。1968年のメキシコオリンピック会場となったアカプルコ沖では2～3mにもなるうねりを経験しました。太平洋からのうねりが入る海面で、マークが見えないために、軍艦がマーク付近で待機して目印になりました。

大洋で発生した大きなうねりは、膨大なエネルギーを持っています。何日も同じ風が吹くところで発生した波は、経験に基づいて考えると、衰退するまでにも同じ程度の日数を必要としています。貿易風でできる波は波長が200～300mで、12秒から16秒間隔が多いです。このような波は大西洋、太平洋、インド洋に面した海岸で絶好のサーフィンスポットを作り出しています。

これらの波は海岸に近づくと険しくなり、水深が波長の1/25になると、波長も1/25になります。日頃、セーリングしている十分深い場所でも、波長の長いうねりが波長の短い険しい波に変化して、陸

図 18.1

の近くでは危険な状況もでてきます。

天気を予測させる波

　波長の長いうねりは、局地的に発生した波長の短い波よりも移動するスピードが速いことを知っておいてください。低気圧で発生した波は低気圧本体よりも先にやってくるので、低気圧の接近を警戒できます。このように、うねりがあるかないかで、違いがはっきりわかることがあります。例えば、接近しているのは低気圧なのか、雷雨（サンダーストーム）なのか。にわかに黒い雲が発達して雨が降り出した恐ろしい空は、その前にうねりがこなければ、低気圧のような大きな風のシステムが接近しているのではないため、突風が吹きだしても一時的な嵐です。また、嵐の雲の接近とともにうねりが大きくなってきたときは、低気圧に伴う強い風が接近してきたことが分かります。もしも、何日もうねりが続いた場合（2～3日でしょうか）で変化が少ないときは、判断することが難しいです。例えば、低気圧は接近しているけれども、非常にゆっくり進んでいるとか。

「フリーク・ウェイブ」

　海洋学者は波高を表すときに、波高が大きいほうから1/3の平均を有義波高としています。レースの大会で掲示される天気予報の波高も、この「有義波高」を使っています。実際には、平均よりも小さい波もあれば大きい波もあり、波長と周期も不規則で、波が進む速度や向きが異なり、後ろから来た波が先行する速度の遅い波を追い越すなど、様々な条件が混ざり、複雑な波が混在しています。

　だいたい7回に1回の割合で大きな波がきますが、統計をとるとそれが100回に1回であったり、1,000回に1回であったりさまざまです。統計上、2,000回に1回は有義波高の2倍の大きさの波がくることになります。つまり、どこでセーリングするにしても、ときどき巨大な波がくるということがあるわけで、そういう波のことを「フリーク・ウエイブ」と呼ぶことにして、用心しておきましょう。

無風のコンディション

　あちらこちらに見えるさざ波は弱い風の塊がある証拠です。ときどき見かける、一部の水面が特別に平らに見え、それを囲むようにさざ波がある場所は弱い風が吹いていると考えられます。しかしながら、そこでは別の可能性も考えられます。水の動きです。水が下向きに沈むときは水面が比較的平らになり、弱い風が吹いているときでも平らに見える場合があります。また、水が下から上へ湧き出してくるとさざ波が見えることが多いです。風があるかないかの判断は、水面の横方向の特徴をよく考える必要があります。水が広がるように流れている場所は水が湧き上がってくるところで、水が集まってくる場所は水が沈降するところになります。

第19章　危険な波

　当然のことと思いますが、熱帯低気圧（大西洋ではハリケーン、太平洋では台風、インド洋ではサイクロンと呼ばれる）は避けなければなりません。ときとして100ノットを超える風が吹く熱帯の気象システムを避けることが賢明だと、誰もが分かっています。

　しかし、もっとも危険な波は台風のときだけでなく、強い風が強い水流と反対向きになるときも発生します。強い水の流れだけならば、安全に走る手法を忘れず、浅瀬のところを注意すれば、航行時間に変化があるだけです。しかし、強い潮流と強い風が反対向きで致命傷となったのが、1998年のシドニー〜ホバートレースでした。オーストラリアのクルージングヨットクラブ（CYC）は、その後の事故調査で詳細を図に表して解析しています。この書類から導かれた結論は、こういったタイプのオーシャンレースのプレ・レースミーティングでは、予想される、または観測された強い潮流の場所を正確に情報としてだすことが不可欠だということでした。

1998年 シドニー〜ホバートレースの嵐

　12月27日、予報されていた風速50ノットを超える嵐がバス海峡で発生したとき、115艇の参加艇は先頭から最終までが80マイル（約150km）差で東西南北に散らばっている状況でした。そのうち、計71艇がリタイアを強いられました。おそらく、南緯38〜39度を南向きに流れる東オーストラリア海流やその乱流の正確な場所を、誰も把握していなかったと考えられます。そういった情報は、より穏やかな海面を探したいセーラーにとっては大切です。71艇のうち数艇は4ノットで流れる潮流の中心からすぐ東のところにおり、ニューサウスウェールズに向かって進路を西へ向けたときに険しい波の中に入りました。彼らはホバートに向かって東側のコースをとり、潮がゆるくなり波がおさまるまで行っていたならよかったのかもしれません（図19.1）。

図19.1

経験した波の高さ

　レース中に参加艇から報告を受けた波の高さは15〜20mになり、理論的に考えられることと数値は一致します。50ノットの風が吹いていたと仮定し、水深が200m以上の海を200km以上の距離を吹

波の周期と波長、波高の関係

波の周期	影響を受けない場合の波長	波と風の向きが反対の場合の波長	波高の増大する割合	波の勾配が増大する割合
15秒	348m	285m	17%	42%
14秒	303m	244m	18%	47%
13秒	267m	211m	20%	52%
12秒	224m	273m	23%	59%
11秒	189m	142m	26%	68%
10秒	156m	112m	30%	80%
9秒	127m	87m	36%	98%
8秒	100m	64m	44%	125%
7秒	77m	44m	59%	177%
6秒	56m	29m	94%	307%

いてきたとすれば、波高の平均は9.8mになり、最大は20mとなります。これは異常な現象ではなく、南洋では頻繁に起こります。

波の勾配

　潮流のない海面で発生した波は、継続した潮流がある場所へ行くと、波の周期は変わりませんが、波長が変わります。波と風の向きが反対の場合は波長が短く勾配が急になり、波と風の向きが同じ場合は波長が長くなり、勾配がゆるやかになります。

　さらに、波長が短くなると波高が大きくなるので、波長の長い波よりも勾配が急になります。左ページの表は波の勾配と周期を50ノットの風で4ノットの潮流があると想定したジュディス・ウルフ博士（Proudman Oceanographic Laboratory）の資料です。周期の短い波が急激に波の高さと勾配を増すことに注目してください。実際、ジュディス・ウルフ博士が言っています。「波は自身の力だけでは生き残りませんが、煮えくり返った大釜のごとく混乱した海と一体化していくこともあります」。

かもめノート

　サーファーは、大きな波が連続で3つ来るとか、13回に1つ巨大なのが来るとか、現場での経験から頭の中にデータを蓄積しています。セーラーは今吹いている風と波のくる方向が違うということはよく気がつくと思いますが、その理由や、うねりと風浪の違いを理解できましたか？　理解できたら、実際に波に乗り（サーフィング）、アップウインドで前から来る波を避けて走るステアリングの練習をしてください。いくら知識で頭に取り込んでも、海の上でボートをそれに合わせて扱えなければ無駄に終わってしまいます。強風や波は、その中でセーリングした時間が、そのまま技術につながります。

　潮流の位置を調べたいときは、海上保安庁や気象庁のインターネットサイトから探してみてください。日本近海は黒潮や対馬海流、北からの寒流といくつも潮流があります。漁業関連の方々のために、わりあい細かいデータが正確に、しかも頻繁にアップデートされています。世界各地の場合は大洋の温度変化などから探してみるのもいいでしょう。

第20章　ウェザールーティング

　ウェザールーティングは、占いでも魔法でもありません。レースコースの長い短いにかかわらず、次のようなことを考慮して、ひとつひとつの展開を組み立てていくものです。
・関係する気象情報を見落とさないこと
・その情報を使ってフィニッシュまでの最短の道を見つけること

　キーワードになるのは、「関連性」です。湾内で行われる2時間のディンギーレースのために、重たいファイルの気象図を数多くダウンロードする必要があるのでしょうか。このレースのためには、気象予報、潮汐表、地形の影響を受けて湾で風がどう変化するか（前半のいくつかの章で説明しました）を考えておくことのほうが重要です。

ショートコースのレース

　選手権大会などのレースでは、自分でウェザールーティングをしなければなりません。まずはじめに、陸で最新の気象情報を入手し、海岸線の形や地形、水温の変化などがレースの最初のアップウインドのレグでどう影響するかを考えます。同時に、分刻みで変化する天気や風をオンボードのコンピューターのごとくに観察し、レース展開の各段階でベストなコースを判断します。

　ショートオフショア、インショアレースも同じ手法で準備します。目先の短い時間の風の変化、特に風のベンド（変化）やバンド（帯）、乱流の位置を判断するためには、陸で出される予報よりも、現場にいることに価値があります。そして、これまで各章で説明してきた風の吹き方についての理解が深まれば深まるほど、自分の判断がより正確になります。

ロングオフショアレース

　では、もっと距離の長いオフショアレースではどうでしょうか。ファストネットレース（イギリス）やシドニー～ホバートレース（オーストラリア）では、参加する大型艇のほとんどは、陸から最新の気象情報やルーター（必要な情報を見ながらコースを選択する人）からの情報をダウンロードすることができます。しかしながら、これらのヨットでは今自分が走っているエリアでの予報を作成するために、自分でデータをとる計器が必要で、最新の気象情報を入手するためのラジオ、気象ファクス、正しい数値に調整した気圧計などを用いて、そこから得たデータと自分の観察とを天気図上に重ね合わせていきます。

　外洋での気象予報で注意する点は、陸で出される予報には海の情報が少ないということです。ビショップロックからファストネット灯台までの外洋を例に考えてみましょう。陸にいる予報官が見ることができるデータは、シリーから南アイルランドの間を航行中の船舶からのものしかありません。別の言い方をすれば、海にいる自分のほうが陸にいる予報官よりも情報が多いということなのです。1981年や1991年は軽風のレースになり、陸にいる予報官はレース艇からの観測データを情報源にしなければ予報を出すことができませんでした。現場では、自分の風や気圧の観測をもとに、天気図上での等圧線の変化を、自信をもって考えてください。

外洋レースと世界一周レース

　これが、ウェザールーティングそのものです。ロングのレースでは海岸付近の局地的な風を理解するだけではなく、総観規模（数千kmの規模）での気象知識が要求されます。近年、オーシャン（外洋）レースに出る艇やその艇長は、衛星から受信する最新の気象情報を利用しています。中には、陸にいる予報官がルーティングすることを許可しているレースもありますが、ほとんどの場合は、乗船している艇長やナビゲーターが、与えられた情報を解析して、

最も速いルートを考えてコース取りをします。ルーティングはストラテジー（戦略）ということです。ナビゲーターは自艇が最短距離を走るルートを探すのではなく、使うセールやVMG（風上または風下へ最も効率よく距離を稼げる角度）を考えて、効率のよい走りができるコースを選択します。

オーシャンレースの際に考えるウェザールーティングの基本は、低気圧、高気圧のどちら側を行くのが有利かを見つけることです。大西洋を東から西へ横断する場合を例にとると、低気圧の北側、または高気圧の南側をキープし、その間にある西風を正面から受けないようにしたいということでしょうか。

また別の例で、2003年に西から東への大西洋横断記録を樹立した〈Mari Cha IV〉は、アメリカ・ロードアイランド州ニューポート（北緯40度）からイギリス南端のリザード岬（北緯50度）へのコースにもかかわらず、ナビゲーターがアゾレス高気圧の北側、北緯53度付近まで北へ上がるコースを選択しました。このコースでは最もスピードの出せるリーチングで全コースを走ることができ、一度も向かい風にならずに、風向が、南西が西に、西が北西に回る間に南アイルランドに到着することができました。

近年行われている世界一周レースでは、ヨットの平均スピードが15〜20ノットにまで上がっており、気象の変化よりも速いので、同じ風の中でずっと走れたり、ひとつ前の低気圧へと追いついたり、より有効な風の中で走り続けることができます。スピードの遅いヨットは気圧配置の動きに追い越されていくことになりますから、低気圧や高気圧の反対側へ行かないためにも、ウェザールーティングが重要になります。

コンピューターの活用

艇上で使う航海機器やコンピューター、衛星からの受信システムが急速に発達したため、オンボードでのルーティングがオーシャンレースの主流になっています。またインターネットの普及で、陸にいる気象予報官と同じ情報を、海上にいるナビゲーターが入手できるようになりました。欠点は、

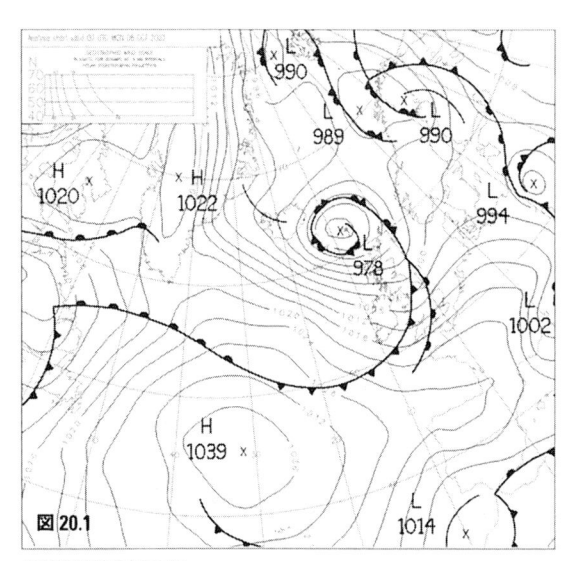

図20.1
広範囲な天気図の例

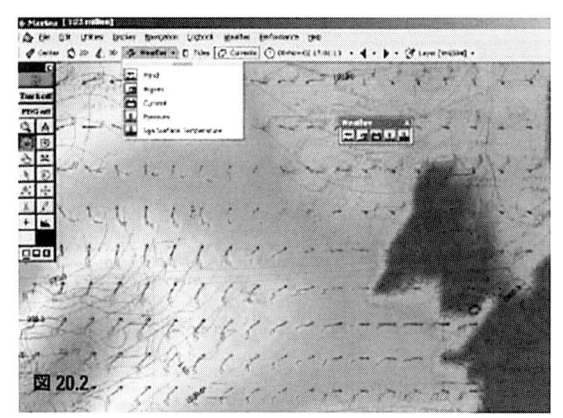

図20.2
艇上のコンピューターで受け取るGRIBファイルの例

まだ通信速度が遅いため、データをダウンロードする時間がかかりすぎることと、通信料が高いことでしょうか。

海上で気象データを受け取るのにGRIBファイルのようにコンパクトなフォーマットで軽いデータでもらい、コンピューターに入っているソフトでそれを画面に表示することが必要です。コンピューターソフトは、それらの風、波、潮のデータをもとにウェザールーティングを可能にしています。

どんなルーティングのシステムでも、肝心なのは最初に取り込むデータです。オンボードのコンピューターは、誤ったデータが入ると、そこから狂ってしまいます。常に不確かな要素をかかえているわけですから、誰かが、どこかで、判断しなければなりません。

レース前の準備

　実際にその海域でレースをした経験に勝るものはありませんが、レースが行われる季節の、そのエリアの過去の気象データを調べておくことも大切です。イギリスで発行されている「Admiralty Pilot」は便利で、過去200年以上に及ぶイギリス海軍の航海記録が要約で掲載されています。その中で、各艇の気象に関する記載は2～3段落です。また、気象観測所の保存記録をインターネットで検索することができますから、それも貴重な資料となります。何時間かけて、レースが開催される季節の12時間ごとの天気図を数年分集め、各年の低気圧、高気圧、前線、気圧の谷、気圧の尾根などの発生や変化、移動の仕方を見ながら、何が普通のパターンで、何がそのパターンから外れているのかを見いだしてみましょう。

　過去の天気図の中から動きをよんでいくと、毎年同じように5～10日周期で変化する気象パターンがあり、特徴ある天気のムード（雰囲気）に気がつくでしょう。したがって、レースの事前準備では少なくとも2～3週間の範囲で天気を考えることが大切です。そして、自分が経験する特徴のある天気のムードを感じ取ってください。

第21章　　　　　　　　　　どのセールを使う？

　レースで勝つためには、正しいセールや、クラスによっては正しいマストを選択することが重要です。慎重になりすぎて負けてしまうこともあるでしょうし、冒険しすぎて、誤ったセールやマストを選んでしまうこともあるでしょう。風や気象情報をもとに繊細な組み立てができれば、的確な選択ができるはずです。

　優先順位の一番は、レース中に予想される風の強さです。最大風速だけでなく、平均風速も考えます。ぎりぎりまで判断を延ばすのはやめましょう。レースの数日前から継続して予報を確認し、その予報の風速と実際にレースエリアで吹いた風とを比較しておきます。そして、予報の風が現場の風と違うなら、なぜなのか理由を考えます（海風、崖、島、水温など）。天気図から重要な要素を見いだして記録をつけ、気圧の谷や気圧の尾根、低気圧や高気圧がレースのときにどう変化するかを理解しておきます。これだけの情報を頭の片隅に入れるだけで、レース当日の天気予報が自信を持って見られるようになり、自分でも驚くのではないでしょうか。自分で考える海風や風のバンド、ガストなど、詳細に及ぶ予想にも自信を持てるでしょう。

　また、雲を見る習慣をつけて、特に低い雲を見る練習をし、その動きと速さが、海面で見る風と比べてどんな関係にあるかを判断します。雲の動く方向をコンパスで測り、上空300～600m程度の風向はレースエリアの水面よりも15度左方向へ変化する（北半球の場合）ことを思い出してください。レースエリアよりも数km内陸にハーバーがあるときは、自分がハーバーで観測している雲から、周辺の海域で吹いている風を考える参考にできます。これは朝早い時間で陸の地表付近の空気が冷えて安定しているときや、風が弱いとき、凪のときは、特に大切です。

風速は上がるか？ 下がるか？

　風速の増減は、次のことがあるかないかに関係しています。

・気圧傾度の変化
・気温の変化
・海風の発生
・潮の変化
・コースの中に周囲よりも風の強い、または弱い帯が存在する

　気圧傾度の変化は、天気図（最新の実況天気図と24時間の予想天気図）を見て考えます。おおまかな判断の仕方を下に示します。

風速が上がる	風速が下がる
低気圧の接近	高気圧の接近
気圧の谷の接近	気圧の尾根の接近
高気圧が発達する	低気圧が弱まる
低気圧が発達する	高気圧が弱まる

　低い雲を注意して観察しましょう。雲の動きが速くなったのか、それとも遅くなったのか？ これらの変化はすぐに地表にも影響してきます。海風の始まりの兆しは、岸から沖へ流れる雲の動きが遅くなりだしたときということを忘れないでください。雲の量が徐々に増えて（気圧の谷が接近）いないか、または、少なくなって（気圧の尾根が接近）いないか。気圧が急激に下がったときや、急激に上がったときは風が強くなることが多いです。

　内陸の湖などでは、周辺の陸の温度が1日の間に変化することから、風速も変化します。風は、地表の温度が最も低く大気が安定している早朝に最も弱くなります。そして、1日のうちで最も気温が高くなる午後の早い時間帯が、大気が不安定で、風速も最大になります。この状況は、海岸付近でも陸風のときは同じです（しかし、海風が重要な要素となります）。陸から遠く離れた海上に出てしまうと、1日の間で温度変化は小さくなります。朝と午後と

では数度の差で、風の変化もおそらく1ノット程度と小さいでしょう。

傾度風が陸に向かって吹く場合は、ほかの変化があります（第9章参照）。

海風が発生する基準については、第7章、第8章（南半球の場合は第12章）で説明しています。

潮と風が反対向きに流れている場合、水面はラフに荒れ、摩擦抵抗が増えるため、風速は落ちます。潮と風が同じ向きの場合、水面はなめらかで、摩擦抵抗が少ないため、風速は元の風速よりも強まります。

コースの中に周囲よりも風の強い、または弱い帯が存在する場合については、下記を参照してください。

・島の風上側 ……………………………… 第3章
・岬の先端の風上側 ……………………… 第3章
・海岸にほとんど平行に吹く風向 ………… 第3章
・水温が異なるエリアの境界線 …………… 第4章

風のシアーと風の重さ

第2章では、上空の風と比較すると地表の風速と風向は摩擦抵抗により変化していることを見てきました。この摩擦抵抗は地表から数mでも影響しており、大気の安定の度合いによってはデッキとマストトップの高さでも異なる場合があります。図21.1は、典型的な風向と風速の変化を地上から20mに設置したポールで測定したものです。

大気が不安定なときは、空気が温まると地表から上昇をはじめ、上にある冷たい空気と入れ替わり、風速の変化は5％、風向の変化は1.5度と少なくなっています。安定した大気のときは循環がありませんから、ポールの上と下とでは風速で300％、風向で20度と大きな変化があります。つまり、安定した大気の状況では、スターボードタックでセールを多めにツイストさせ、ポートタックでは閉じたタイトなリーチにしたいということになります。不安定な大気では、リーチはよりタイトということになります。ウインドサーフィンでは特に日々の

風のシアー（上下での風向の違い）が気になるのではないでしょうか。

「風の重さ」はミステリーです。レースの後に、今日は風が重たかったとか、軽かったとか聞くことがよくあります。空気の密度と関連して考えている人もいますし、水蒸気の量によると考えている人もいます。しかし、空気の密度や水蒸気の量は上昇、下降と変化しますが、このわずかな変化を理由に「風の重さ」を説明するのは、十分ではありません。本当のところは、風のシアーのせいです。図21.1を見て、大気が安定しているときと不安定なときとで風速を比較してみると、デッキレベルで同じ風速を感じていても、ヒールモーメントが50％も違っています。

「風の重さ」を判断するためには、次のポイントを見ます。自分が見ているのは、マストトップの風か、

図 21.1

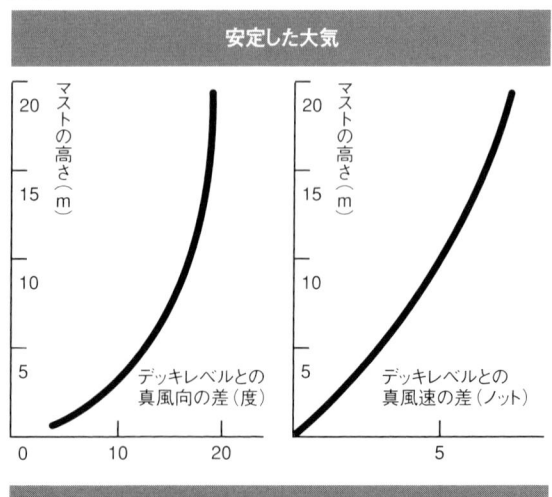

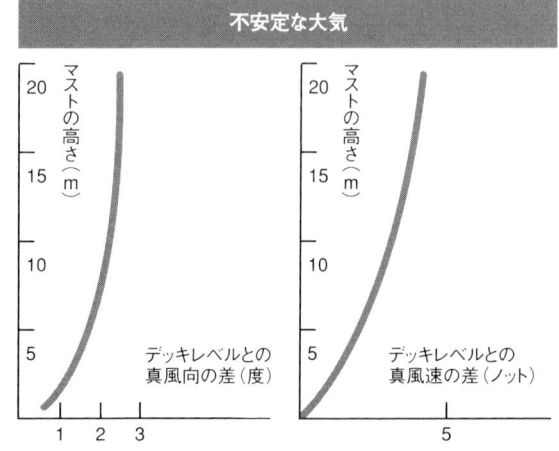

デッキレベルの風か。大気が不安定なときにはマストトップにつけた計器の数字とデッキとではあまり変わらないでしょうが、大気が安定しているときはデッキレベルのほうが弱くなっています。しかし、風をデッキにいる自分の肌で感じて判断するとしたら、安定した大気のときに自分が感じているよりもマストトップでは強く吹いているために艇がヒールすることから、「風が重たい」と感じるはずです。

　風のシアーで風向が変化するのは、地球の自転の影響も受けています。緯度の低い地域では影響が少なく、赤道では影響がゼロになります。

かもめノート

　安定した大気の中で風を重たいと感じることには風のシアーが関係していますが、ウインドサーフィンでも本当に影響があるのでしょうか。図21.1を見る限り、変化の度合いは、デッキレベルから5mくらいまでの間のほうが15〜20mでの変化よりも大きくなっていますから、それだけから考えたら、ディンギーにも影響があると思えます。冷たく安定した冬の風の中、実際にそうなのかチェックしてみたい衝動にかられています。ほかにも複雑な要素はあると思いますが、本当にシアーがあり、セールをツイストさせてみたら、いい結果が出るのでしょうか。ウインドサーフィンやディンギーのセーラーのみなさん、実際に試して教えてください。

　私たち（訳者）は「かもめと下駄」と称して、現場に出る斉藤と、室内でデータを見ながら予報を出す岡本という立場で作業することが多いのですが、陸でパソコンの画面を見ている岡本がリアルタイムで用意できるデータと、斉藤が現場で観察する風景とがつながると、自分たちでもびっくりするほど精度の高い予想ができるので、今回のウェザールーティングの話は納得できることが多いです。

第 22 章　実際のレースで

どこで気象情報を入手するか

　ほとんどの大会では、レース運営側が何らかの気象情報を出しています。多くのヨーロッパでのレースで、掲示板にはレース当日の午前0時か6時（日本では午前3時が使われることが多い）の実況天気図だけでなく、12時間後から24時間後の予想図も合わせて掲示されているでしょう。さらに、レースエリアの予報、沿岸や船舶用の予報も出されていることもあります。

　ファクスや電話、ラジオの天気予報も便利でしょう。イギリスの場合、番号や周波数、放送時刻などの詳細は英国セーリング連盟発行の冊子のG5に「天気予報」として、国際気象用語とともに掲載されています（ヨーロッパのもの）。G5には文章や天気図、矢羽（天気図上で風向や風速を示すもの）で予報を出しているインターネット気象情報サイトのリストも載っています（サイトのアドレスは非常に多く、変更も多いので、ここではリストを紹介しません）。地元のレースエリアの天気予報を探すのであれば、数多くのサイトから情報を取り出せるはずで、ナショナルウェザーサービスや地元のヨットクラブのウェブサイトの多くは、天気予報サイトにリンクしています。

天気予報は役に立つか

　レースの途中で順位の良くなかった理由を天気予報のせいにするセーラーが数多くいます。実際、こんなに都合のいい言い訳は、ほかにないでしょう。一般的な予報であろうと、レース用の特別な予報であろうと、役に立つのだろうか疑いを持つのは分かります。もちろん、的中することもありますから、そのときは予報を信じた人が勝つでしょう。

　天気予報は、どのレースでも、どのセーラーにとっても、きわめて重要な情報です。その利用価値は、自分の予想を立てるための基本情報になることで、風のベンド（曲がり）やバンド（すじ）の特徴や位置、シフトの可能性などを判断する材料になります。例えば、気圧傾度風の強さと向きを確認せず、その変化の予報を見ていなければ、第2章から第19章までに学んできたことは利用できません。情報は、すべての予報の基本的な構成要素なのです。

　しかし、予報はそのまますぐに使えるものではないことに気をつけましょう。まず第一の理由として、ほとんどの予報は、レース海面とレース時間に合わせて出しているわけではなく、もっと広いエリアを対象としていることです。陸上での天気予報は、セーラーや船舶用には作られていませんが、必ずと言えるほど役立つ情報が含まれています。多くのレース会場で準備されている天気予報から、自分なりに必要な情報を抜き出して、それをベースに予想を組み立てていくことが大切です。

　また、予報で示された前線や気圧の谷、気圧の尾根の通過などの情報をそのまま信じてしまわないように注意しましょう。例えば、レース中に前線が通過する時刻を予測することは難しく、さらに前線通過の前後20分以内で風がどう変化するか、また、どのレグで通過するのかを予報することはほとんど不可能です。

　気象はあまりセーラーに重要視されていないことが多く、勉強したらいいことのひとつくらいにしか考えられていません。また、ほかのセーラーに差をつけたくて天気予報を利用しようとしても、天気予報だけではそこまでの信頼性がありません。しかし、気象を実践で学び、この連載で説明してきたように、理論的に組み立てた予想を地域の天気予報に加えると、ほかの選手が理解できていない特別な情報となり、優位に立つことができるはずです。

衛星画像から
情報を拾い集める？

　レース会場で、最新の気象衛星からの画像が気象情報に含まれて掲示されたり配布されたりすることがあります。雲画像は天気図の信頼性を高めてくれます。雲が渦を巻いているところがあれば低気圧、長く帯状に延びたところは前線というように、目で見て確認することができます。しかし、雲画像は解像度が低く、利用したい場所の局地的な雲の構造が分からないため、画像から風を推測するには、専門家でもほかの気象情報と合わせて考えることが必要で、経験を長期間積まなければできません。誰でも衛星画像から情報を拾い集めることができるわけではありません。でも、画像を見るのは楽しいものです！

自分自身で
観察することの重要さ

　多くのセーラーは、自分が見たことよりも人から言われたことを信用したり、予報から推測される1日の変化よりも実際にレース前にエリアで経験したことに頼ってみたり、不思議なものです。自分で観察したことは天気予報というジグソーパズルの1ピースです。現場にいない予報官には得ることができない貴重な情報源かもしれないのです。自分の観察したことは実際に起こったことであり、どんな気象予報も、その予報された時間に実際に起こったことを基にして、次の予報を考えているのです。予報や観察したことをそのまま放っておかないで、予報と実際のずれを記録して積み上げていけば、レース中に正しい判断を下せるようになるものです。

レースの数日前にすべきこと

(1) 実況天気図を続けて見る

　テレビ、新聞、インターネットなどで実況天気図を見て、低気圧、前線、気圧の谷、高気圧、気圧の尾根の動きを1日ごとにメモします。どのくらいの速さで発達したり、移動したりするかを感じ取り、気圧傾度風の風速と風向の変化を見ます。インターネットで画像としてダウンロードしておけば、アニメーション（スライドショー）で見ることができるので便利です。

(2) 現地での天気を続けて見る

　ボートの準備などのために、レース会場に早めに到着するならば、準備をしながら雲や風の変化、変化が起こるときの兆しを見る習慣をつけます。その変化が局地的なものなのか、それとも傾度風の変化によるものなのかを区別できるようにします。

(3) レースエリアを調べる

　傾度風の風向から予想できる海風への変化を考えます（道路地図でも地形図でもかまわないので、陸の形が分かるものを用意）。陸から風が吹くときに影響のある地形要素を考えます。影響のある島、半島、そのほかに要素があるか？　水温は？　全域で同じ水温か、違う場所があるか？　周辺に河川（真水が入る場所）があるか？　周辺の潮汐と潮流を調べておきます。

レース当日の朝に
自問自答すべきこと

・傾度風はどうか？

　風向は？　風速は？　過去数日の気圧配置との関係は？

・数時間後までの天気予報は？

　天気図を見ていないならば、地表の風から傾度風を判断します。八方位で考えるとして、予想とほぼ同じ向きか、15度ヴィア（右方向への変化）しているか、など詳細を考えます。

・付近の雲はどう動いている？

　コンパスで雲が動いている方向を測り、速さを見ます。予報どおりの動きをしているか？　予報どおりでなかったとしたら、周辺の山などが影響しているのか（第10章参照）、または予報が間違っているのか。

・現在（早朝）の地表の風は？

　夜間の陸風の残りがあるか、夜間の気温の逆転で凪になっているか（第11章参照）、それとも傾度風のままか（朝早いうちは、傾度風よりも陸上では40

度バック[左方向への変化]していて弱い)？ 陸風や局地的な風の詳細は通常の天気予報ではカバーされていないことが多いので、第11章、13章を参考にして整理します。

・海上での風の予報は？

風の予報は陸の影響を考慮に入れて出されているか？ 船舶用に出される海上の予報は通常陸の影響を含まないので、それをベースにして傾度風の変化を考えていくことができます。そこから先は自分でまとめること。

・風は岸に平行に吹いている？

もしそうならば、収束や発散を考えます（図3.6、3.8を参照）。

・傾度風は第1区分、第2区分の陸から吹いている？

もし傾度風が25ノット以下で、雲が薄いか、まばらならば、海風の入りを考えます（第7章、8章、12章参照）。もしそれより強い場合や海風が入る前や海風が終わった後にレースがある場合は、風のベンドと、とがった波に注意します（第3章、6章参照）。

・傾度風は第3区分、第4区分の海から吹いている？

第9章、12章を見て、陸の温度が上昇したら何が起こるか考え、そうでない場合は第3章、11章、12章で考えます。

・風上側に島があるか？

第3章、6章を参照。

・大気は安定して、層雲や霞があるか、または不安

自分で天気を推測する例(1)

[地理的条件]
東向きの直線的な海岸線。
[レースエリア]
直径5kmの円、海岸線から2～7km。
[注意する点]
直径3kmの島がレースエリアの北側5kmにある。
[潮流と過去数日の天気]
潮汐のみ。ほかの流れの要素はない。前線と気圧の谷が東へ移動している。前日は風力6。
[天気予報（インターネットやラジオ、テレビ）]
夜に西から気圧の谷が近づく。南西の風、風力2～3が左回りに変化して南の風になり、夜には風力5～6と強まる。夜遅くに雨が降る。それまでは沿岸部では局地的に海風が吹く。
[朝食時の天気]
晴れ。雲はない。
[朝の傾度風]
低い雲がなく、傾度風の目安になるものがなかったので、天気予報から傾度風を推察しなければならない。海面では南西の風が吹いており、傾度風はおおよそ西南西と考えられる。
[スタート時間]
13：00。
[午後の傾度風の予報]
予報では風が南に回る変化。したがって、傾度風は南南西に回ると推察できる。
[海風の可能性]
海風の風向と強さは予報に書かれていない。しかし、傾度風が多少左回りに変化しても第1区分から吹くので、気圧の谷の接近により雲が広がるまでは、海上より陸上の気温が上がれば、安定した海風を期待できる。
[自分の風予測]
最初は、南西の風で風力2～3、その後弱まり、昼までにレースエリアで東寄りの海風が吹き始める。レースのスタート時には、東南東の海風で風力1～2、その後、南南東へ変化し、風力3～4に強まる。雲が増えてきた場合は、傾度風の影響で風が右回りに南寄りへ変化して、午後遅くには風力5くらいまで強くなる。海岸線付近では風が発散するので、弱まる。
[想定される注意点]
風：島は風下側になるからレースエリアに影響はない。
ガスト：海風は安定している。短い周期のガストやラルはない。この場合、長い周期のシフトが見られる。風が変化した時は、その風向からガストが入りヴィア（右方向への変化）している。
潮流：海水がよく混ざっている（前日に風力6）ため、風による表面流はない。海岸線は複雑ではないので乱流はない。

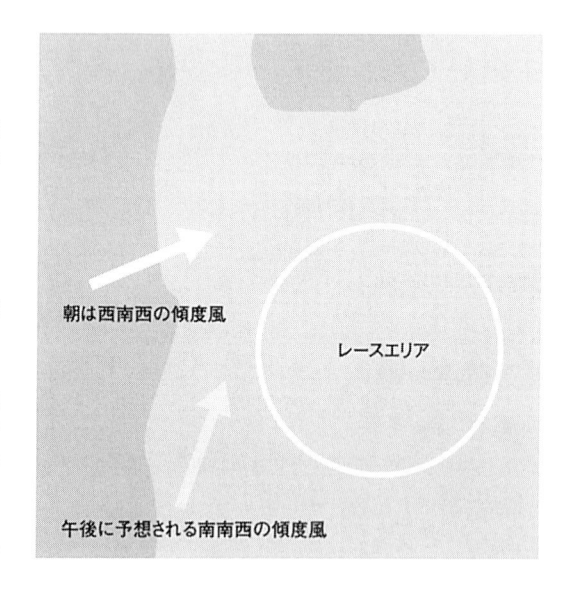

定で、積雲があり、視界が良いか？
　ガスト（強い風の吹き出し）とラル（風が弱くなっている場所）を考え（第5章参照）、バンドがある可能性を考えます（第4章、14章参照）。
・雨が降りそうか？
　図14.2を見て、雨雲と関連する風を考えます。
・潮が影響している？
　図17.5から判断します。

スタートラインに向かいながら

・風のシフトを観察して記録し、雲の変化がないか注意して見ておきます。
・雲が陸から海へ向かってばらけてきたら、海風が入りだす兆しです（第8章参照）。
・雲が増えて天気が悪くなってきたら、気圧の谷の接近が考えられます（第14章の「雲列」を参照）。
・雲が陸上だけで発達していたら、傾度風が第1、第2区分から吹いているときは海風の発達を考えます（第8章参照）。ほかの場合は第3区分と第4区分とで対流が始まるときの変化が異なります（第9章、12章参照）。

スタート前

・ラインに有利なエンドがあるか？
・スタート時刻に有利なエンドは変わらないか？
第5章を参考にガストとラルのタイミングを考えます。第8章、9章で風向がどういう場合に変化するかを説明しているので参考にします。

最初の上りレグ

　有利なサイドがあるとしたらその理由は下記のようなものが考えられます。

自分で天気を推測する例（2）

[地理的条件]
南向きの直線的な海岸線。岬が南に延びている。
[レースエリア]
直径5kmの円、海岸線から2～7km。
[注意する点]
南に延びている岬は、標高が高く、崖が切り立っている。
[潮流]
潮汐があり、川からの表面流が南東へ流れている。
[過去数日の天気]
前夜に寒冷前線が通過した。
[天気予報（インターネットやラジオ、テレビ）]
寒冷前線が東に抜けて、アイルランド海に気圧の尾根が形成されている。南西の風、風力4～5が弱まりながら風力3～4になる。晴れ時々にわか雨。午後はにわか雨が少なくなる。
[朝食時の天気]
積雲がいくつも発達しており、雨が降っているところもある。
[朝の傾度風]
積雲が240度から25ノットで動いている。
[スタート時間]
12：00。
[午後の傾度風の予報]
予報では風が弱まるが、傾度風の風向は変化しない。
[海風の可能性]
傾度風が陸に向かって吹くので、海風に変化しない。
[自分の風予測]
南西の風が風力4～5で午後に弱まっていく。少し傾度風の風向が変化すると予想され、岬による局地的な影響が表れると予想できる。これらの影響はレースの間中続く見込み。雨を伴う雲か伴わない雲か、雲が風に影響していないかに注意する。
[想定される注意点]
風：岬は風に大きな影響を与える。岬の風下側では風がなくなり、南東側では急な崖の周囲で加速した風があり、強まる。
ガスト：積雲によってガスティーでシフティーな風がある。雨雲からは強い下降流によるガストが期待できる。
潮流：海水がよく混ざっている（前日に風力6）ため、風による表面流はない。岬の周辺では乱流が形成されている。

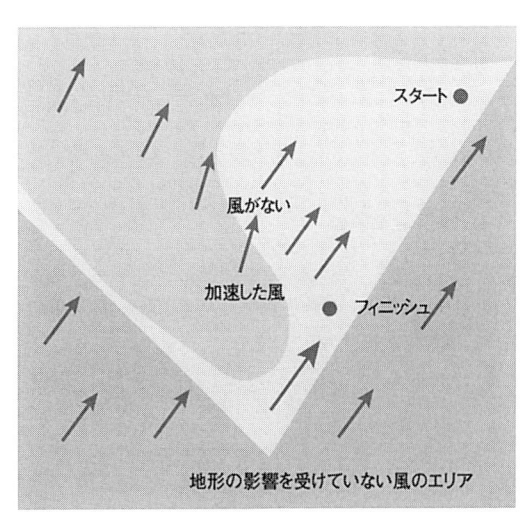

・陸の特徴や島が風に影響している（第3章参照）。
・海風の発生に影響している（第7章、8章参照）。
・アップウインドのコース内で水温が異なるエリアがある（第4章参照）。

　もしも理由があって有利なサイドがあり、その理由となる風や水の要素が持続して存在すると考えられるならば、次のレグも同じサイドに行きます。レイラインに対してどこまで突っ込むかというのは、自分で確かな自信がもてるかどうかという点と、そのサイドが有利になっている要素が変化しないかどうかという点から考えます。例えば、風上側に島がある場合、風向の変化がなければ、島の風下側にできる強風のバンドと風が弱い場所はいつも同じところにできると考えます。理由がなく有利だと感じるときは、早くレイラインまで行かずに、中間で風のシフトをベースにコースを組み立てます。

かもめノート

　みなさんはセーリングした日の天気予報を記録していますか？　今回の第22章というのは、ウインド・ストラテジーが単行本になったあかつきには、みなさんが最初に読む章だと思います。自分でレースの日にどんな準備をしたらいいのかという点に興味があるはずですから。
　後半に「自分で天気を推測する例」がありますが、斉藤（訳者）には「かもめ予報」というのがありまして、遠征のたびに岡本予報士に送っては、出来具合をチェックしてもらっています。記録しているのは、朝インターネットで得る予報、自分で立てた風予想である「かもめ予報」、実際に吹いた風、「かもめ反省」というように分けて、自分の予想がなぜ外れたかを検証していきます。最初は何を書いたらいいのか分からず、とにかく何でも書いておこうとしていましたが、慣れてくると大切な要素を拾っていけるようになり、現在は短い言葉で選手に要点だけを話せるようになってきました。難しいのは反省です。自分が見落としたことが何なのかが自分では分からないので、この点は岡本予報士に助けてもらってきました。でも、これも慣れてくると、エラーのポイントが分かるようになってきます。これにコーチボートで計測した風の実測値を加えて、データとして保存しておきます。

第23章 頻繁にレースが開催される場所の分析（海外）

いよいよ、ウインドストラテジーの総括です。これまで学んできた22章までの知識を、実際に世界中のレース開催場所に当てはめていくのですから、最もおもしろい部分といえるでしょう。限られた数ですが、レースが頻繁に開催される場所（特に日本人が毎年遠征に出かけるであろう場所）を抜粋して紹介します。この章では海外のレース海域、次の24章では日本国内のレース海域について紹介します。それぞれの海域について、地形や海岸線の形、河川などとの影響を結びつけて考えていきます。図中の矢印の長さは、風の強さを表しています。

［イエール］

南仏・コートダジュール。毎年4月下旬にイエールオリンピックウイークが開催されています。

傾度風が280〜20度のとき

（1）傾度風が20ノットよりも弱く、陸上が晴れていて、雲が少ししかでていないとき。海風の始まりは南にある島を含めて、まず陸地に向かって吹き始め、最終的には西から入り始めた海風が南西（220〜240度）15〜18ノットになります。ハーバーのスロープは東向きですが、周辺を大きくみて位置関係を把握して、海風の循環を起こすのは北側の陸になることを理解してください（図：イエール1）。

（2）傾度風が20ノットよりも強く、雲に覆われた日は、通常のパターンで陸からの風が吹くと考えます。北にある高い山から、ガスティーな風が谷を降りてくるパターンです。

（3）ミストラルが吹きだしたときは30ノットを超えることがほとんどですから、レースをするとは思えません（第13章参照）。

傾度風が30〜80度のとき

15ノット以下の弱い北東からの傾度風のときは、弱い南から南西の海風がイエールの谷へ向かって吹きます。しかし、地表の北東の傾度風はコートダジュールに沿って吹き続けて東側のレースエリアにきます。ここでは海風と傾度風がぶつかるため、カーム（凪）か非常に弱い振れ回る風になります。

それよりも強い15ノット以上の北東の傾度風は、湾の北東にある岬の崖のところで強まり湾の北東、東のエリアは風が強く、それよりも崖の内側から湾の中に入ると弱まります（図：イエール2）。

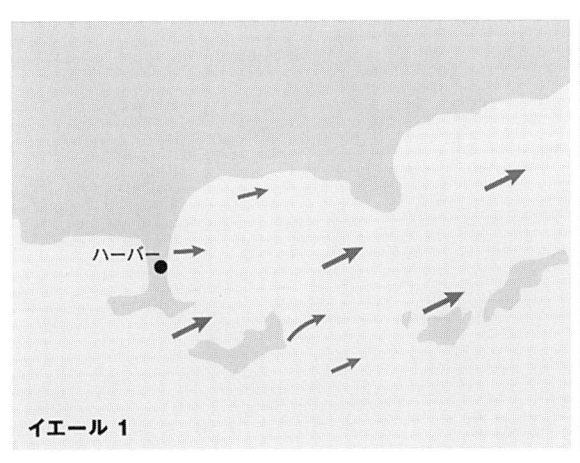

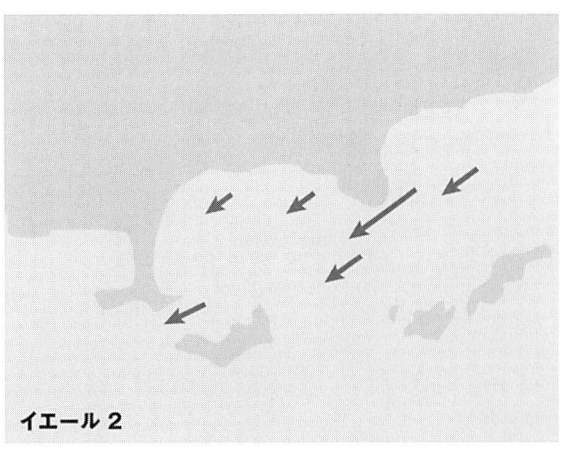

イエール1

イエール2

傾度風が90〜270度のとき

東風は風向も風速も安定し、すぐに波が高くなります。風上側に島があるエリアは島の影響を考えましょう。また、南西の風はイエールの半島とポルケローロ島の間を吹きぬける風道があります。

[キール]

ドイツ・ミュンヘン五輪の会場となり、120年の歴史をもつキールウイークが毎年開催されています。

傾度風が10〜100度のとき

海上では350〜80度の範囲になります。風上側（地表の風で）に陸地があるエリアはコースの中に風の筋ができるので、それを探します。しかし、10ノットよりも弱い風のときは逆に乱流ができるため、注意が必要です。地表の風が弱く、350〜20度から吹いているときだけ、午後になって陸の温度が上昇すると海風の影響がでやすくなります。

傾度風が100〜160度のとき

朝の海上の風は東から南東。午後の風は陸の温度上昇の影響で5〜10ノット強まり、風向も変化（バックかヴィアか）し、海岸に平行に近づく（第9章参照）。海岸付近ではベンドを考え、特に上りコースの右エリアでは注意します。

傾度風が160〜250度のとき

(1) 傾度風が20ノット以下で、陸の上が晴れか快晴のとき（図：キール1）は、海風の発生時の風の入り方を示しています。しかしながら、詳細まで考えると最初に陸から吹いている風の岸との角度が影響します。例えば、傾度風が南西ならば海風はコース内の岸付近から始まり、海の方向へと広がっていきます。図：キール2は、午後の海風のよくあるパターンを示しています。いつも岸に近いエリアが強くなっています。

(2) 傾度風が20ノット以上で晴れているか、傾度風が弱くて曇っているとき。陸からの風が続くと考えます。しかし、ときどき海風が入ろうとして入りきらないため、風がシフトしかけて戻ったり、風のない部分ができて不安定になります。

傾度風が260〜290度のとき

朝の海上の風は南西から西。海風は南西または北西の陸に向かって優先的に入ってきます。

傾度風が290〜10度のとき

フィヨルドや陸の影響で風がガスティーで、シフトも頻繁に起こると考えます。岸から風下側へのびる風の強いバンドが風の道筋なので、それを探します。

傾度風が290〜310度のときは、海風の影響も考

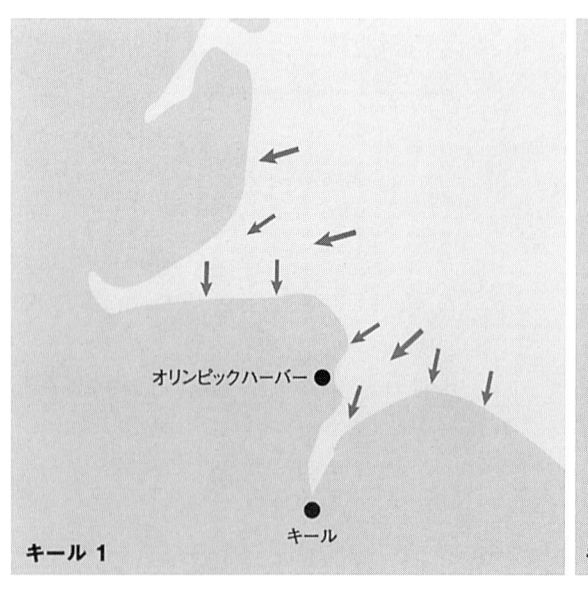

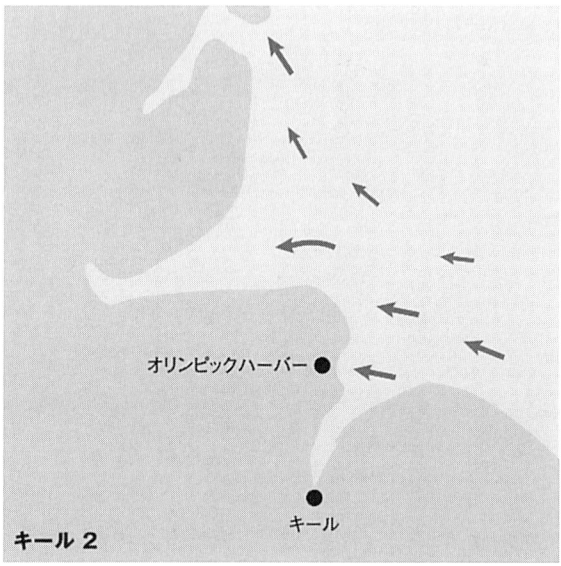

キール 1

キール 2

えます。
・岸より(南西)のエリア
・北西のエリアでは、海風が入るときに海に突き出しているエケルンフォードの岬の影響を考えます。

[ガルダ湖]

北イタリアの南北に細長い湖。2006年には、RS:X級の世界選手権が開催されました。

ガルダ湖は下降する風、上昇する風の極端な例を当てはめる場所です。日中、太陽光があたる斜面では空気が暖められて上昇します。夜になると全斜面から冷えた空気が湖に下りてきます。

ペラー(北風)

山からの冷やされた空気が夜から朝の早い時間帯に北から南へ流れます。地元ではこの風を「ペラー」とか「ヴェント」と呼び、風力5か6、ガストで7になりますが、太陽が昇ると急激に弱まり、午前9時か10時にはなくなります。

オラ(南風)

ガルダ湖の北側の山で暖められた空気が上昇し、湖の南から北へ向かって風が吹き、ガルダの北端では風力4～5になります。しかし、同じときに湖の南端では湖幅が広くなっている影響で、風力1か2になっていることが多いです。

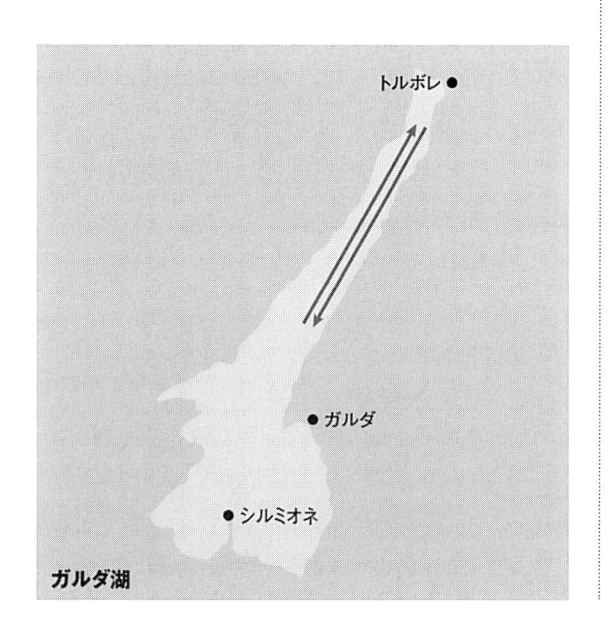

湖の両側をはさむようにそびえる険しい崖は風の収束をつくるため、レースコースは片側有利になることが多いです。また、崖だけでなく、岬もありますから、風のパターンはこれらの地形に大きな影響を受けています。リフトの場所を探し、風の陰を作る岬は避けるようにしましょう。

南からの風を待つ朝が多いかもしれません。雲の量と傾度風の風向が、オラがいつから吹き出すのかに影響します。雲が多ければ温度上昇が少ないわけですから、オラはなかなか入らないでしょうし、まったく入らない可能性もあります。

どの向きの傾度風もみな、山から吹き降ろすか、湖にそって吹きます。ただし、強い傾度風が90度から吹いたとすると、南北に伸びている湖と直角になり、乱流が発生するため、地表の風は弱いことが考えられます。ときどき、巨大なスコール雲が湖の中心線に沿った崖のほうから落ちるようにやってくることはあります。傾度風は山の地形に合わせて谷を降りてきます。

アルプスからの冷たい水を蓄えている湖は、真夏でも強い風が吹いたあと、特に北西が吹いた後は水面に冷たい水がでてきます。年間通してウェットスーツなどの着用が必要です。

[メデンブリック]

オランダ・アイセル湖の北西にあり、毎年5月下旬にホランドレガッタ(旧スパレガッタ)が行われるほか、数多くの世界選手権が開催されています。

アイセル湖の特徴はその周辺エリア全体の土地の平坦さであり、湖付近は背の低い草、泥、または浅い水域となっています。地表の風は通常摩擦をうけて30～40度バック(左方向へ変化)しますが、ここでは10～15度となります。結論としては次のようなことがいえます。
・陸からの風がヴィアする割合は通常よりも少ない。

ガルダ湖

79

岸から500〜1,500mの範囲でその影響は終わる。
・湖岸付近の発散と収束も通常より少ないが、まったく存在しないわけではない。例えば、北からの風ではメデンブリック北のコースエリアでポートサイドに風の強いバンドが存在する。
・アイセル湖は水深が浅く、潮がないため、5月から10月は暖かく、北堤防の外と比較すると温度の変化が大きい。
・晴れが数日続いたり、強風が吹いたりした後は水温の高いエリアと低いエリアがぶつかりながらアイセル湖の中を移動するため、表面の風に影響する。
・水深が浅いので、波はチョッピーになる。

海風

海風は、夏を含めて1年の半分は午後の風として影響をもたらす重要な要素です。傾度風が20ノット以下の晴れた日は下記のようにまとめます。

傾度風が西系（南西から北西）

セーリングセンターがある場所では岸に向かって海風が吹き始めます（図：メデンブリック1）。しかしながら、風上側にある陸地は面積が少ないため、ノードホランドの西向きの海岸では、数時間でこの風はなくなります。しばらくすると、また海風が吹き出し、またなくなるということの繰り返しになります。

傾度風が東系（北東から南東）

第1区分、第2区分からの風となりますから、ノードホランド、フリースランドの西向きの海岸への海風の発達を助けます。レースエリアではセーリングセンターに向かって湖から陸へ海風が吹き始めますが（図：メデンブリック2）、ノードホランドとフリースランドへの西からの海風が発達するとそれが主流となり、北西の海風がエリア全体に吹くようになります。メデンブリックでは陸から海風が吹くようになります。

傾度風が弱いとき

3つの海風が入ろうとします。西向きの海岸線2

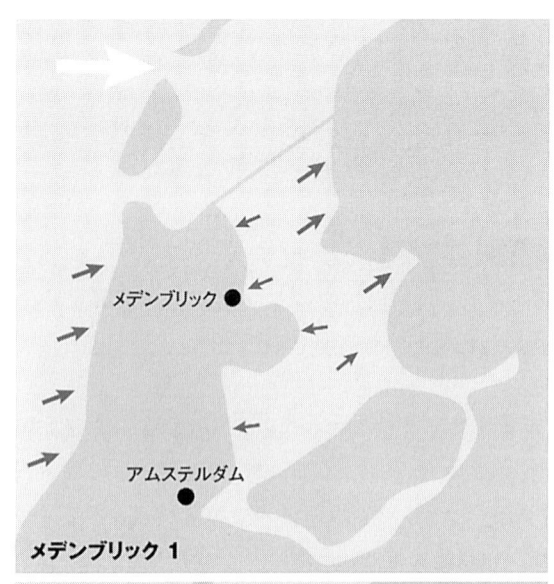

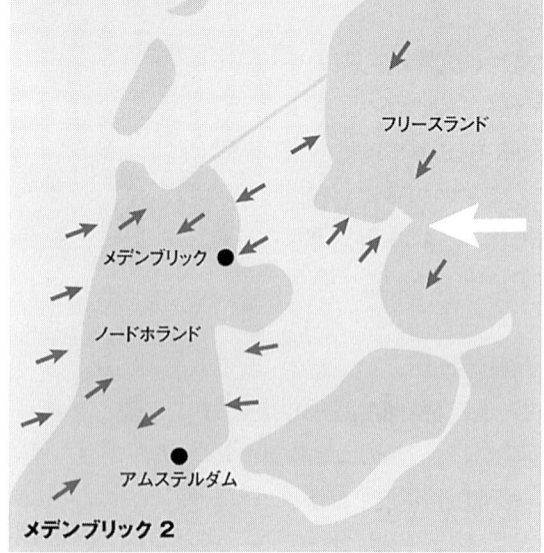

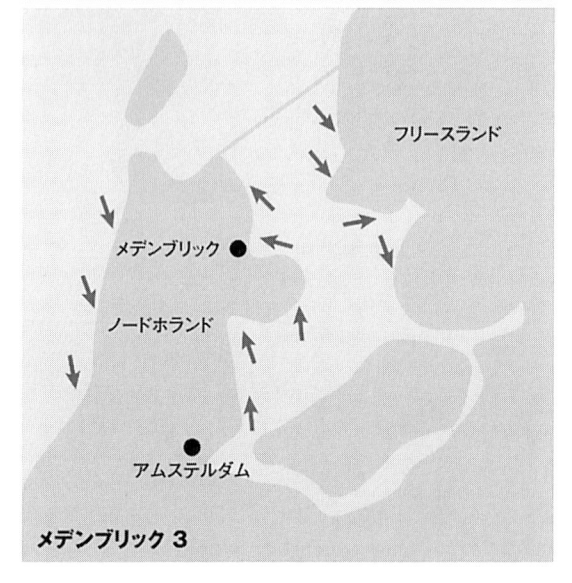

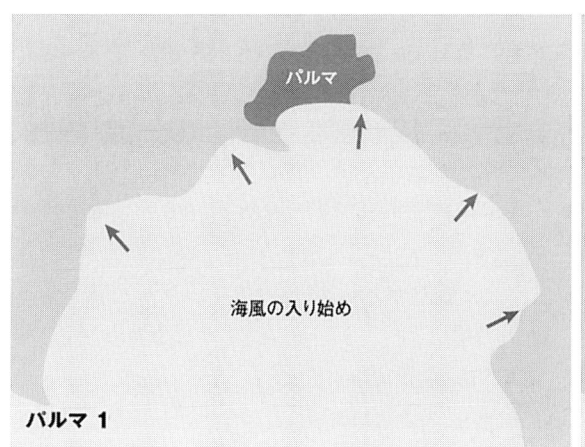

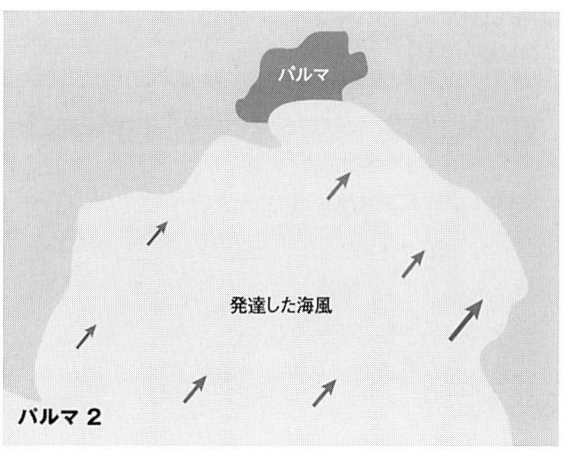

カ所に入ろうとする西からの海風、セーリングセンターがある東向きの海岸に入ろうとする東からの海風、アイセル湖の中心にできるカームの場所（図：メデンブリック3）。どの海風も6ノットに達しません。湖の東側は陸地の面積が広いので、最初の吸い込みから段々とエリアを広げ、中央のカームエリアよりも更に西側になるレースエリアまで達するようになります。東側のコースでは、たまにスタートエリアと風上マークとで風向が別になることもあります。

南東〜南西の傾度風

南東から南西の傾度風は、北から北東へヴィアする海風を夕方までかかりながらアイセル湖の北東で吹かせます。朝、セーリングセンターでは南西の傾度風が吹き、弱い東に変化しようとしますが、西側の陸の面積が広くないため温度上昇が十分でなく、メデンブリックでは南西が残ってしまいます。

[パルマ]

スペイン・マヨルカ島。毎年4月にプリンセスソフィア杯が開催されています。

パルマ湾は西から時計回りに南東までを陸で囲まれています。湾で吹く陸からの風は地形と摩擦抵抗（第3章で説明）などの影響を受けます。

いろいろな風が吹く場所ですが、最も頻繁に吹くのが南西からの海風です。陸からの傾度風が15ノット以下のときと傾度風が非常に弱いときに吹きます。

変化の最初は陸に向かって直角に吹き、湾の中央はカームになり風がなくなります（図：パルマ1）。そして、湾全体に入り始めると、南南西、南西、西南西と、1〜2時間でヴィア（右方向への変化）します。

海風がしっかり形成されると、湾内では場所による違いがでてきます。南側の崖付近に風の収束ができますから、このエリアでは左サイドが有利になります（図：パルマ2）。湾の中央付近のエリアでは比較的イーブンなコースになります。北のエリアではマガラフの西にあるカラ・フィゲラ岬の影響を受けるため、コースの右側で風が弱くなります。

かもめノート

原著の第23章では、イギリスでレースが頻繁に行われる場所のほかに、オリンピックやアメリカズカップが開催されてきた場所を加えて、25カ所を紹介していますが、日本のセーラーにあまりなじみのないイギリス各地や、すでにイベントが終わってしまったアテネ、シドニー、オークランド、日本が参加していないアメリカズカップ開催地などは紹介するのを省きました。取り上げた5カ所は、日本でオリンピックを目指しているナショナルチームの選手たちが遠征する場所で、毎年、開催されるレースの場所として役に立つ情報になると思います。

特別編 | 相模湾と大阪湾の風の分析

今回は原著にはない、国内水域の分析です。国内のメジャーレースが多く行われるエリアである相模湾と大阪湾に吹く風について、この「ウインド・ストラテジー」で学んできた事象をふまえて考えていきます。

[江の島（相模湾）]

江の島は南向きに相模湾に面した海岸線に位置し、水温が夏は25度、冬でも12〜13度と比較的高い場所です。北に関東平野、東に房総半島や三浦半島、南は太平洋が開けていて、西に伊豆半島があります。

海風

夏に太平洋高気圧が日本付近を覆っているときは、シンプルな海風が吹きます（図E-1）。

朝の陸風が9時頃には凪となり、11時前くらいから南東、南、そして、最後は190度を中心に180〜210度で周期変化します。海風の吹き始めは140度、160度、180度と1時間半くらいで変化しますが、傾度風が南からの場合、吹き始めから2時間で15ノットを超えて夕方遅くまで続きます。

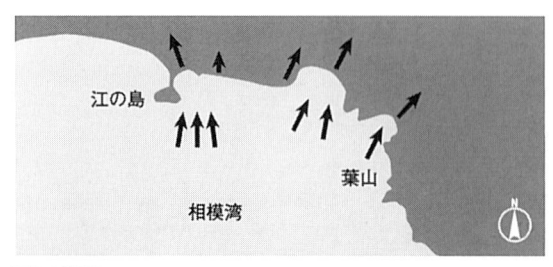

図E-1 海風

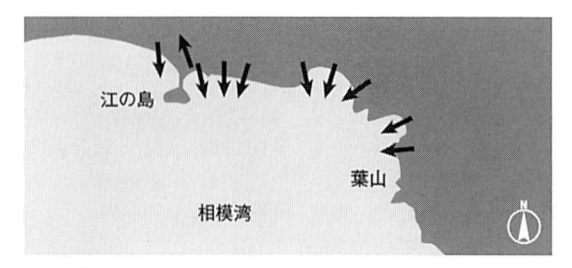

図E-2 陸風

また、海岸付近に積雲ができるときは循環の規模が大きくないため、夕方早い時間に凪になります。ただし、最近は夏に東京23区や八王子方面で積乱雲が発達し、そこへの吸い込みで風が強まることも増えています。

傾度風が第3区分からのときは、沖ではいい南風が吹いているのに陸に近い場所では風がないことがあります。江の島のC海面（江の島から170度方向の沖へ向かったエリア）でレースをしているときに、風上マークではトラピーズに乗るような強い風が吹いているのに、風下マークのところだけが凪になった経験はありませんか？ 風の吹かない場所の帯ができているのです。レースエリア内でエアポケットのように感じたこともあるのではないでしょうか。

陸からの風

陸からの風は地形を理解することが必要で、レースエリアによって影響は大きく異なります（図E-2）。

傾度風が北のとき、陸に近い場所では江の島から北西の片瀬川の吹き出し、腰越よりも東の七里ヶ浜の吹き出し、鎌倉の湾からの吹き出しと3カ所からの流れが海上で合流します。この場合、風上マークでは風向が20度なのに、スタートエリアでは45度というようなことも頻繁に起こります。

傾度風の向きと速度によって優勢になる風の傾向はありますが、レースエリアが鎌倉寄りならば右からの風、江の島寄りならば左からの風を重視して考えればよいでしょう。また、冬でも気温が上がり陸で12度を超えるようになると海風要素がでて、風が弱まり右方向へ変化していきます。

西寄りの傾度風

寒冷前線が通過する前などに南西の風が強く吹くときがありますが、それとは別に大陸から寒気の吹き出しに伴って、若狭湾から琵琶湖、関ヶ原、伊勢湾

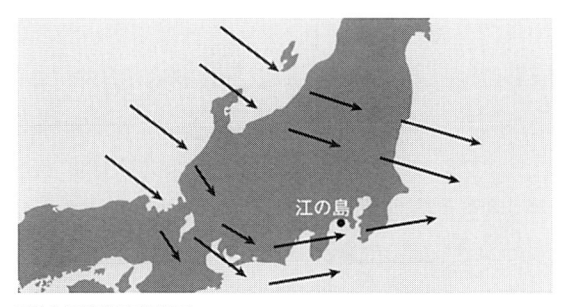

図E-3 西寄りの傾度風

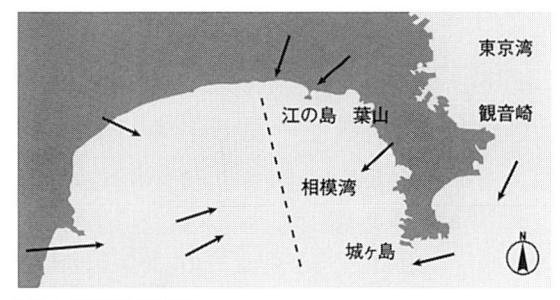

図E-4 北寄りの傾度風

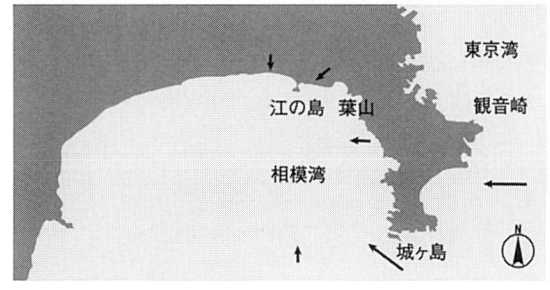

図E-5 東寄りの傾度風

を抜けて吹いてくる北西季節風が、江の島では大西（西からの強風）となって冬場に脅威となる日があります（図E-3）。よく晴れて、朝は風が弱く、南の風が吹き始めたかと思うと短い時間で240度に回り、10m/sオーバーになります。そして、徐々に右方向へシフトして、260〜270度になると15m/sオーバーで波も悪くなります。穏やかな海が2時間程度で猛威をふるう海へと変貌を遂げますから、注意が必要です。

また、日本海上を低気圧が東進し天気が荒れるときにも同じように西風が強くなることがあります。このときは風が徐々に強まって、そのまま吹き続けます。

北寄りの傾度風

北風は、日本アルプスが障害物となって右と左に分かれ、関東平野を回ってくる北東風と富士山方面からくる北西風になって流れ込み、相模湾付近でぶつかり風が弱い場所ができます（図E-4）。風がぶつかる場所は、霞がかったようになりやすく、積雲ができていることもあります。葉山では北東風が安定して吹いているのに、江の島では風がなく、大島や伊豆半島では南西が強いといったことが起こります。風がない場所がどこにできるかは両側から入る風の強さ次第なのですが、江の島沖にできることが多いです。前出のC海面でどちらの風が優先するかは、ブローラインでみなければなりません。そういう日は、予測せずに目の前の風に集中する日になります。

東寄りの傾度風

東寄りの傾度風が弱い場合、房総半島と三浦半島の影響を受けて、弱い南東風で流れ込むことがあります（図E-5）。

気温が十分に上がらないときは、180度くらいまで変化して、また東へ戻ります。風速が15ノットくらいのときは85〜100度くらいの範囲で安定して吹きます。この風をシンプルな海風と区別することがポイントになります。霞がかっていることが多いです。

［葉山（相模湾）］

葉山は相模湾の北東端で三浦半島の付け根になります。東に葉山の小高い丘があり、西向きに開けています。北には小坪の半島があり、半島の山の後ろが鎌倉湾になります。

東寄りの風

逗子から横須賀（東京湾）へ抜ける谷がレースエリアに対してどこに位置するかを把握しておくことがポイントです。傾度風の向きをチェックし、その風向と強さを考えながら、谷筋から広がりながら流れ出す風を、水の流れのように考えていくとレースエリアへの影響を理解しやすいでしょう。

海風

朝に小坪の山のほうから下りてくる陸風がなくなり、東京湾側では東寄りの風になっていても、葉

山沖は陸風がなくなってはまた吹いてを繰り返します。もう凪になったから、次は海風だろうと南ばかり見ていると、逗子湾の奥のほうから吹いてくる陸風の残りを見逃してしまいます。気温が上昇し、東京湾で南寄りの海風が入ると同時に、葉山沖にも南からの海風が入ります。このとき、北からの陸風が南東、南へと短時間で変化していきます。

江の島と同様に傾度風が南のときは早い時間から南風が強くなりますが、三浦半島の山の影響を受けて、陸の近くで山の向きにしたがってベンドしますし、逗子湾の奥では東京湾への抜け道にそって曲がります。

関東インカレが行われる5月は、まず気圧配置で傾度風の向きをチェックすることがポイントです。2006年のように高気圧の西端に位置すると南西の風が安定して吹きますが、気圧傾度が小さいときは判断が難しくなります。地形の影響を考えて、吹き出してくるポイントを正確に把握することが大切です。陸からの風は吹き出しの周期がありますから、強い風のかたまりが何分に一度、どちら側から下りてきているかを見ておくと、スタートして最初に左右どちらのブローをとりにいくか決めやすいと思います。

[西宮（大阪湾）]

神戸から西宮にかけては北に六甲山系、東に大阪平野があり、南は大阪湾に開けています。西宮は南向きに大阪湾に面した海岸線に位置しますが、西宮沖の海面では、すぐ東側が大阪平野になるため、陸の西側に面している考え方も必要になります。水温は、夏に25度以上、冬は10度以下になることもあり、温度差が大きいので確認が必要です。さらに、雨水や雪解けの冷水が淀川などから流れ込むため、水温は低くなりやすいです。

海風

水温が平均的に低いため、真冬を除いてほぼ1年中海風が入りやすいです。高気圧が覆って傾度風が弱い場合、シンプルな海風のパターンです（図N-1）。

朝は北東から陸風が流れ込みます。ちょうど淀川の河口付近から広がるように吹きますが、西宮の海岸線付近では収束があるため陸側に風が強い部分が現れやすいです。通常は日射とともにすぐ弱まりますが、寒気が流れ込んだ後などは昼頃まで続く場合もあります。

その後、海風は南東から始まり、短時間に右方向へ変化して180〜240度で周期変化し220〜240度くらいで安定します。10ノット程度までしか強まりません。夕方になると南に戻りながら弱まることが多いです。傾度風が南寄りの場合も、似たような変化が見られます。

また、真夏など陸の温度上昇が大きい場合は、兵庫、大阪、京都で陸上の気温が非常に高くなり対流が強まるため、海風が20ノット程度で260度くらいまで変化することもあります。真夏に晴天が続いているときは陸上の気温上昇と気圧低下が海風の強弱を判断するポイントになります。雲があるときは、六甲山系や平野の上空で積雲が発達することで推定します。

傾度風が南から西の場合、第2区分になります。吹き始めから220〜240度の南西の風になり、傾度風が弱ければ15ノット程度、強い場合は20ノットを超えることもあり、夜まで続きます。傾度風の向きと強さにしたがって周期変化が見られますので、周期的な変化を記録して考えていきます。

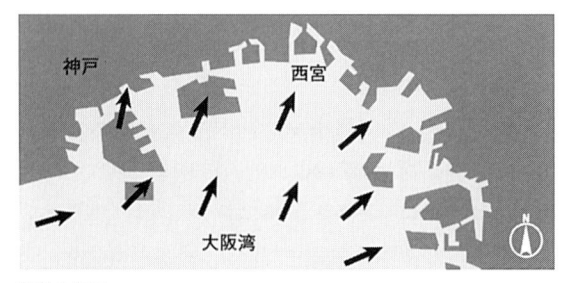

図N-1 海風

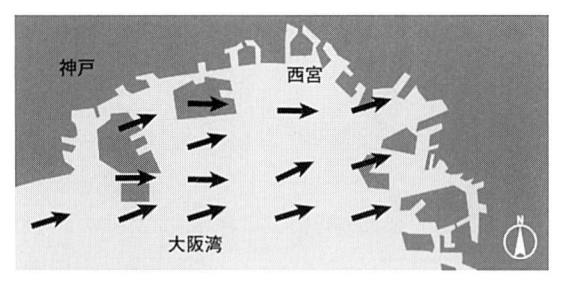

図N-2 西寄りの傾度風

傾度風が西から北の場合、吹き始めが西寄りの風になり240〜280度くらいで周期変化します（図N-2）。傾度風が弱ければ15ノット程度ですが、上空に北から寒気が流れ込んでいる場合は、20ノット程度まで強まったり、さらに300度くらいまで右に変化して25ノット程度になることもあります。西寄りの風になった場合、西宮の西側は埋め立て地が増えているため、摩擦の影響で北側に風が収束して強まる部分が現れ、右からブローが入るように感じます。このとき、傾度風の向きと強さにしたがって周期変化が見られますので、陸側（北側）からのブローを使いながら、風が少し弱まったときの海側（南側）からの風を拾うことが有効になります。

　また、西宮の西側海面で埋め立てが進んだ影響からか、海風が吹き始めるときに大阪側（東側）に向かう海風が現れやすくなっています。傾度風が西から北の場合に現れやすいですが、海風の始まりが弱い西寄りの風や北西風だとしても、安定してくれば南寄りの海風に変わるため注意が必要です。

　傾度風が東寄り（北東から南東）の場合第4区分になります。西宮付近では海風が強まりません。非常に不安定な風になります。

　傾度風が強い場合は、東寄りの風でレースを行えるかもしれませんが、周期的な変化を記録して考えます。

北東風と北風

　北東から東の傾度風または陸からの冷気が流れ込むときに現れます（図N-3）。冬に弱い寒気が流れ込んでいるときに多いです。北東風のときは地形を理解することが必要ですが、傾度風の向きと強さの変化を確認すれば、あとは淀川の河口から広がるような吹き出しを考える程度でよいでしょう。海岸線付近で風が収束して強まります。

　傾度風が特に強い場合を除き、北風はあまり強く吹きません。六甲山系の東側から流れ込む風と西側から流れ込む風がぶつかる部分で風が弱くなります。変化の周期を確認しておきましょう。

　また、陸上で降水が見られるときも、北から北東の風が吹きやすいです。雨雲を見て吹き出しを考える必要があります。雨雲からのガスト（ブロー）を見逃さないように注意します。降水が弱いときは、風も弱いことが多く、海上にある障害物の影響で風が乱れるため、難しいレースになります。

一文字防波堤寄り陸側では

　ハーバー近くの海面では、傾度風が弱いときや傾度風が南寄りのときを除き、東寄りの風が吹くと収束がありますので、陸側からブローが入り、西寄りの風が吹いても陸側からブローが入りやすいです。これは、六甲山系と埋め立て地の影響と考えられます。

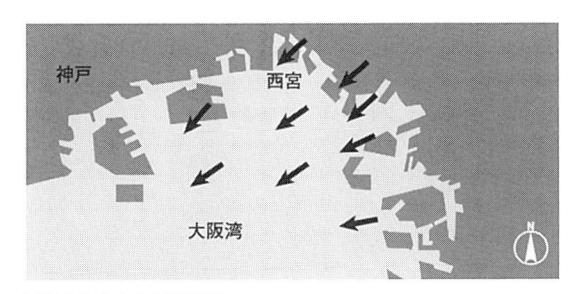

図N-3 北東からの傾度風

かもめノート

　今回は、レースが頻繁に行われる江の島、葉山、西宮を日本の事例として見ました。これらは実際の海面において航海計器などで蓄積した細かなデータから考えていったものです。やはり、非常に細かなデータを整理して「あんちょこ」を作成するのは大変でした。

　このウインド・ストラテジーでは、実際にレースで体験してきた風の変化などの大気現象について、理論をつなげて、なぜそのような現象が起こったのかを考えられるようにしてきました。例えば、海風にはいろいろな吹き方のパターンがあることを考えていけるようになったと思います。海風では傾度風の向きが大切でしたね？

　風の変化を理論的に考えられるようになると、レース当日の風を予想することも可能になっていくでしょう。

　でも大切なのは、予想を当てることではなく状況の変化を観察し続けることであるのを忘れないで下さい。いまレース海面の空気がどのように動こうとしているのかを、素直に見つめることが大切です。理論が身につくと、分かったつもりになって変化を予想して、当てようとしてしまうことが多くなりますので注意して下さい。

　素直にデータを見て、空を見て、海面を見て、空気の動きを考えてみてください。

　「ウェザー」ではなく「ウインド・ストラテジー」なのです。

付 録 | 海上へ持ち出したい便利な図

これまでに紹介してきた解説図の中から、北半球で海上へ持ち出したい便利な図をまとめます。コピーしてぜひ利用してみてください。

海岸付近の風

図3.1 陸から海へ吹く風
岸からの風は風向がヴィア（右方向へ変化）し、強まる。その変化は、風の強弱が激しい日のラルのときに顕著に表れる。

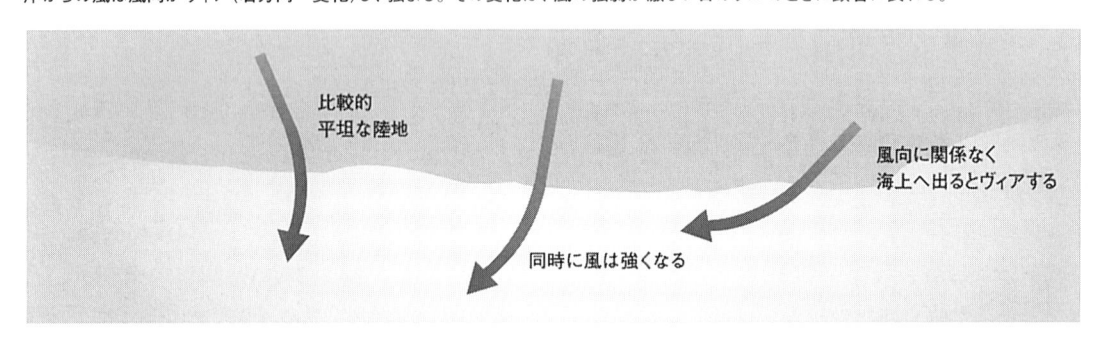

比較的平坦な陸地
風向に関係なく海上へ出るとヴィアする
同時に風は強くなる

図3.6 海岸付近での収束
風が海岸線に沿って吹き、陸が左にある場合（風上に顔を向けているとき）、陸から1〜5km程度の場所で25%強めの風を予測する。

気圧傾度風
収束ゾーン
強めの風

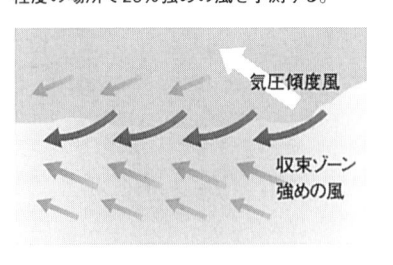

図3.8 海岸付近での発散
風が海岸線に沿って吹き、陸が右にある場合（風上に顔を向けているとき）、陸から5kmの範囲で弱い風の場所を予測するが、晴れた日の午後は例外。

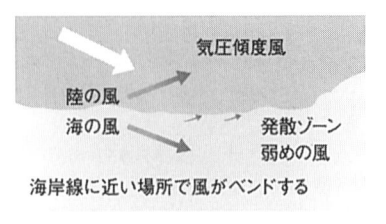

気圧傾度風
陸の風
海の風
発散ゾーン
弱めの風
海岸線に近い場所で風がベンドする

図3.10 風と陸の影響をまとめた図

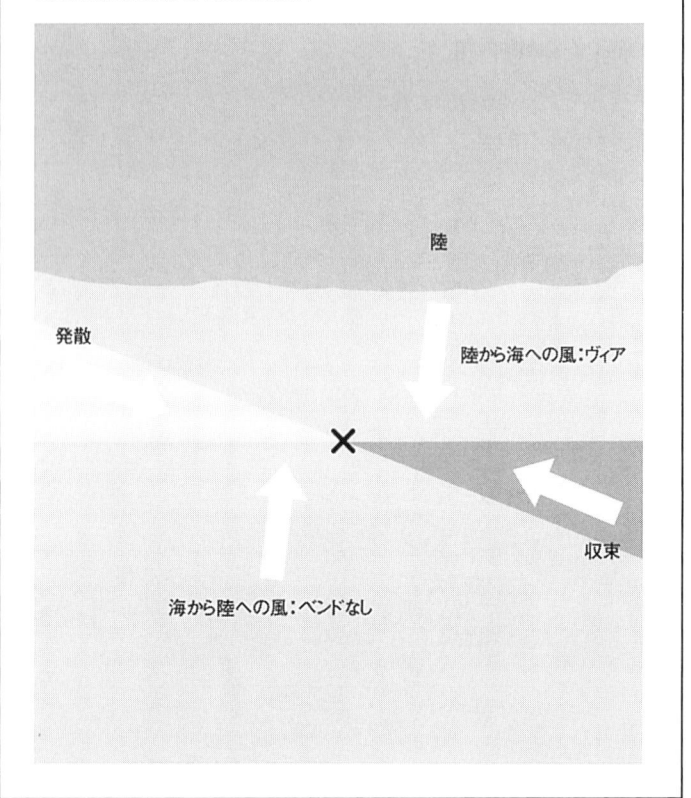

陸
発散
陸から海への風：ヴィア
×
収束
海から陸への風：ベンドなし

風に影響するさまざまな要素

図3.11 陸から海へ向かって吹く風

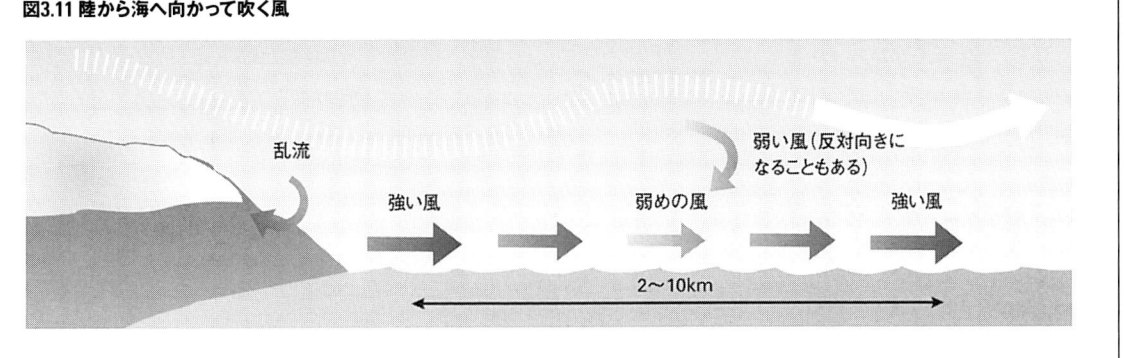

乱流　強い風　弱めの風　弱い風（反対向きになることもある）　強い風

2〜10km

図3.12 湖に吹く風

風はA地点を通過したところでヴィアするため、B地点では発散して弱まる。C地点では収束して強まる。

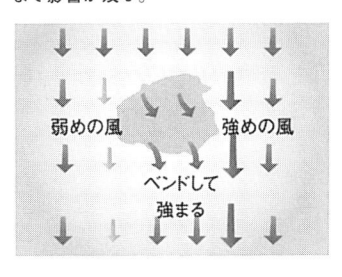

A　B　湖　C

図16.2 障害物の風下側で受ける影響

障害物の風下側で、風がベストな場所と最悪な場所を木の高さ(平均)をhとして表した。

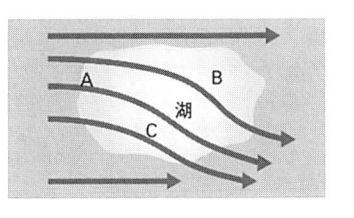

もっとも悪い風
5h 木の高さの5倍

多少の風がある
2h 木の高さの2倍

30h 木の高さの30倍
もっとも良い風（ほとんど影響を受けていない）

図3.13 島を通過する風

風に影響する島は少なくとも5kmの直径が必要で、そのとき、風下側20kmくらいまで影響が及ぶ。

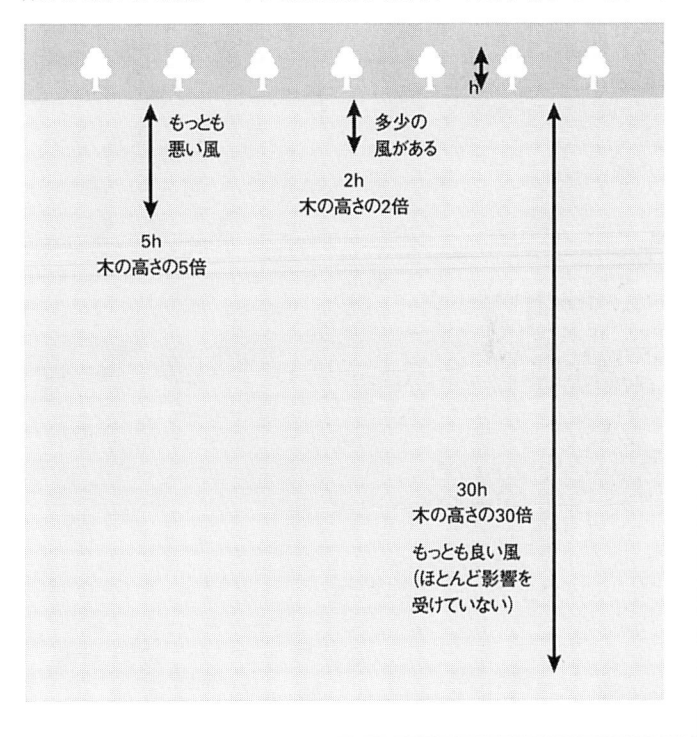

弱めの風　強めの風　ベンドして強まる

図4.3 水が温かいゾーンと冷たいゾーン

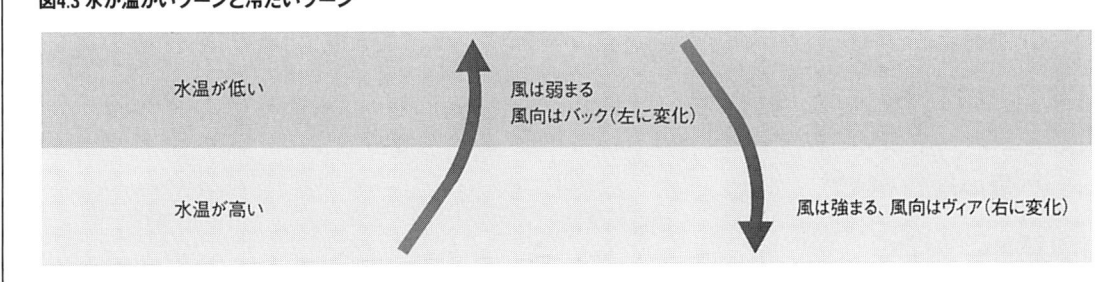

水温が低い

風は弱まる
風向はバック（左に変化）

水温が高い

風は強まる、風向はヴィア（右に変化）

傾度風が第1区分のときの海風

海風のまとめと予兆

- 朝の空が晴れているか、薄い雲がかかる程度。
- 陸の温度が海水温よりも高くなる。
- 海の上にある雲が消える。
- 最初に吹いている陸風がなくなる。
- ゆっくりと海から陸への流れが発生する。
- 海からの風は強まりながら、元の陸風と海風とを分ける無風ゾーンが先行する形で、沖へと範囲を広げていく。
- 陸の上は積雲状の雲が増える。
- 風は最初の1時間で40度ヴィア（右へ変化）し、その後はゆっくりと岸から左回りで20度くらいまで変化する。
- 岸付近ではいつも最大で風力4〜5まで強くなる。
- 日没になるにつれて風はなくなる。

図8.1 陸風と海風

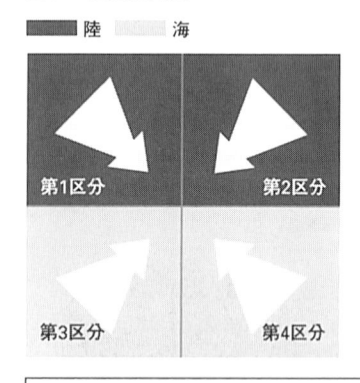

■ 陸　□ 海

第1区分	第2区分
第3区分	第4区分

図8.2 第1区分の傾度風（陸風）から海風への変化

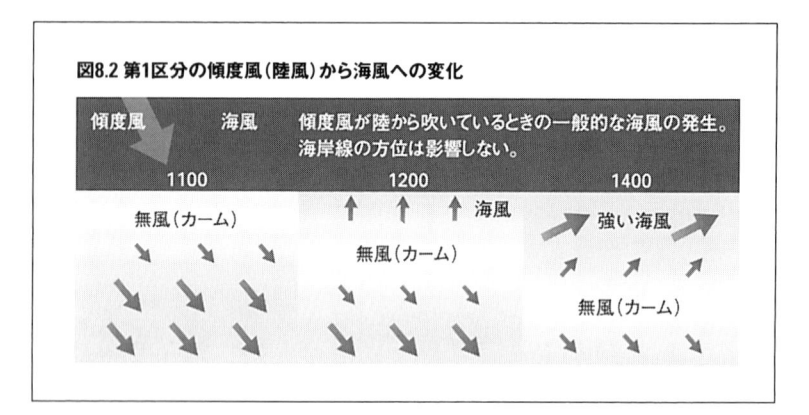

傾度風　　海風　　傾度風が陸から吹いているときの一般的な海風の発生。海岸線の方位は影響しない。

1100　　　1200　　　1400

無風（カーム）　↑↑↑ 海風　　強い海風

無風（カーム）

無風（カーム）

図8.3 傾度風が海岸線と平行に近い風向の場合

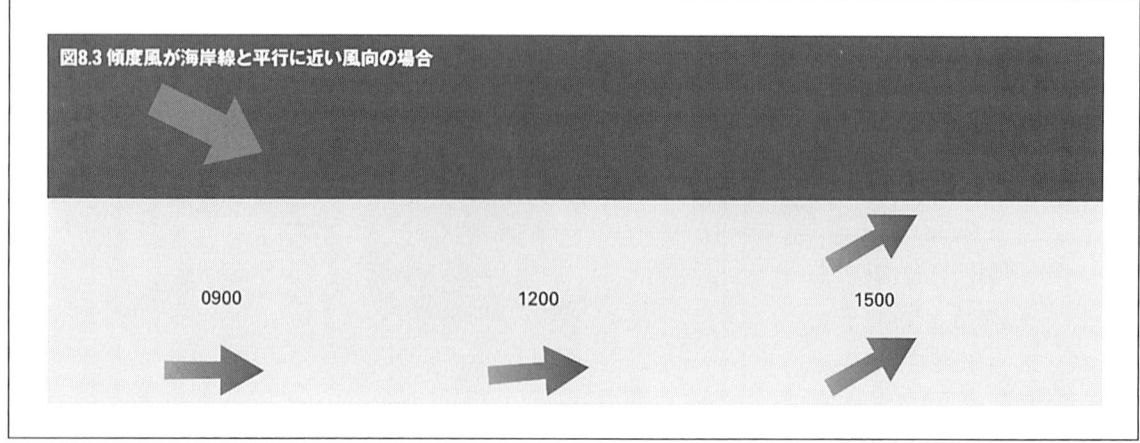

0900　　1200　　1500

図8.5 傾度風が第1区分のときにできる無風ゾーン

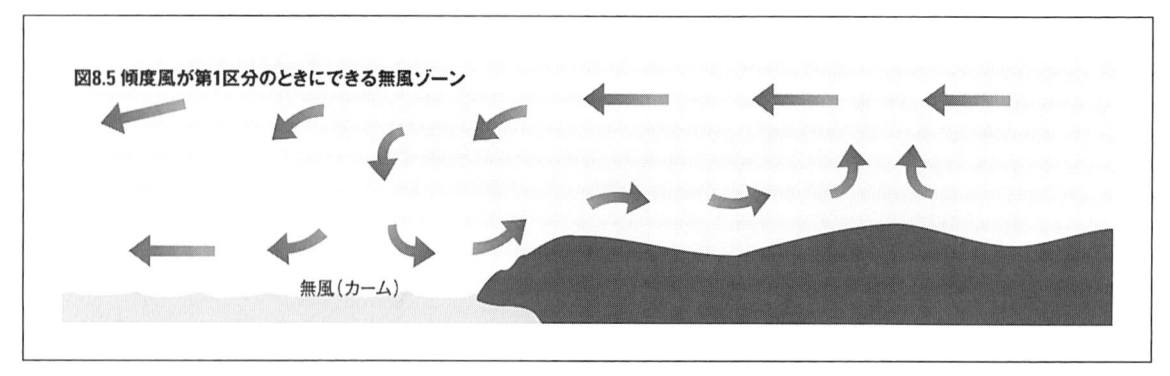

無風（カーム）

傾度風が第2区分のときの海風

図8.4 第2区分の傾度風（陸風）から海風への変化

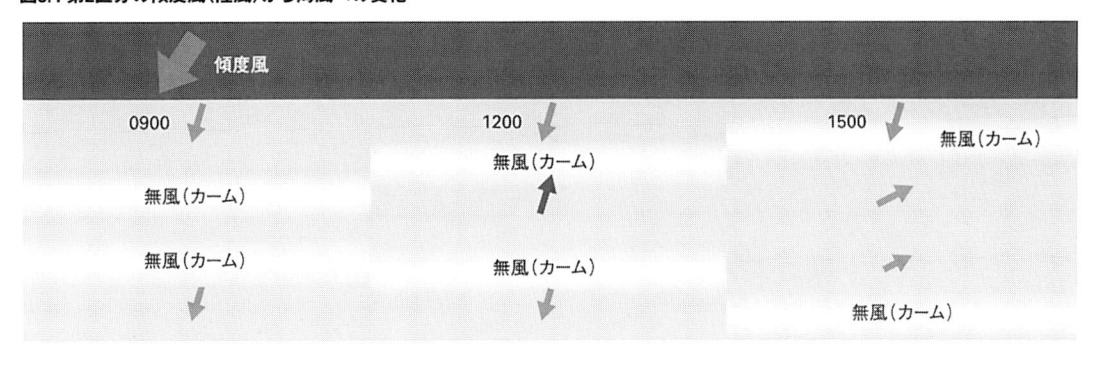

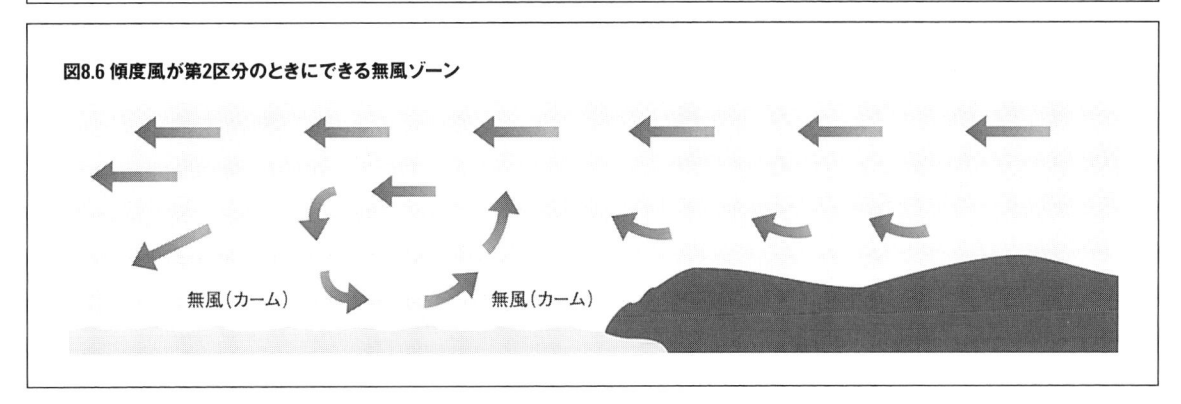

図8.6 傾度風が第2区分のときにできる無風ゾーン

午後の風：海からの傾度風

　傾度風が第3区分または第4区分（海風）の場合、陸の温度が上昇すると気圧が下がり、海岸線に平行になるように風向が変化し、風速は4〜5ノット強くなる。第3区分の傾度風が吹くとき、特に海岸線に平行に近い角度で吹くときに強くなるが、第4区分の傾度風は相殺されて弱まる。第3区分の傾度風が強まる風と、シンプルな海風との主な違いは以下の通り。

・朝の風が陸と20度程度までの角度なら、陸の温度上昇が最も効果的に海風の強まりに影響する。
・海風が強まる範囲（幅）が、数km程度広くなる。
・風向の変化は、はじめの風速と風向によって異なる。風向の変化は数度だけと小さいかもしれない。

●風は強くなるか弱まるか：
・次の事柄をチェック
・気圧傾度風の変化。
・海風の発生（海に向かう傾度風）。
・熱対流で海風が強くなるか、それとも海風が弱まるか。
・潮の転流。
・風の強風バンドと軽風バンドがある。

●コースの片側が有利になるときは……
・風上側の陸に影響する要素があるか、島があるか。
・海風への変化。
・コースの風上か、コース内で水温の変化がある。
・潮の速さがコース内で異なる。

かもめノート

　ヨットレースの海面では、先入観を持たずに、素直に風を見るくせをつけてください。予報は予報、外れることも多いものです。予報の中から必要なデータを選別できるようになれば、予報に惑わされなくなります。空を見て、海を見て、自分の目を信じて、次に吹いてくる風をよんでください。目標は風をあてることではなく、それを利用して勝つことですから。

MEMO

MEMO

MEMO

MEMO

MEMO

MEMO

著者：デイビッド・ホートン
気象学者。近年のオリンピック・セーリング競技で圧倒的な戦績を残しているイギリス代表チームや、アメリカズカップのシンジケートの気象アドバイザーを30年以上にわたって務めている。

共著：フィオナ・キャンベル
気象学者。2004年のアテネ五輪から、イギリス代表チームに気象アドバイザーとして参画。自らもセーリングを楽しむ。

訳者：斉藤愛子（さいとうあいこ）
1988年ソウル五輪女子470級日本代表、1996年アトランタ五輪ヨーロッパ級日本代表。女子470級のコーチ経験も豊富。2008年北京五輪では、日本セーリング連盟オリンピック特別委員会委員を務めた。

訳者：岡本治朗（おかもとじろう）
気象予報士。2001年のJ/24クラス世界選手権では、〈スレッド〉チームの一員として優勝。日本セーリング連盟ナショナルチームの気象アドバイザーも務める。

WIND STRATEGY
セーラーのための「風」がよめるようになる本

2008年10月10日　第1版第1刷発行
2020年12月30日　第1版第3刷発行

著者＝デイビッド・ホートン、フィオナ・キャンベル
翻訳・監修＝斉藤愛子、岡本治朗
発行人＝植村浩志
発行所＝株式会社 舵社
〒105-0013
東京都港区浜松町 1-2-17　ストークベル浜松町
TEL: 03-3434-5181　FAX: 03-3434-5860
表紙写真＝松本和久
装丁・本文レイアウト＝鈴木洋亮
印刷＝シナノ パブリッシング プレス
不許可無断複写複製

Japanese Language Copyright
© 2008 by Aiko Saito, Jiro Okamoto
ISBN978-4-8072-1042-8
定価はカバーに表示してあります。